ル
ール
大野

O texto escrito em japonês sobre a areia, nas páginas anteriores, significa "De Mar a Mar".

Edição geral e gastronômica: Trini Vergara
Edição brasileira: Marcia Alves
Assistente editorial: Natália Chagas Máximo
Tradução: Isabel Vidigal
Preparação: Flávia Portellada
Revisão: Bia Nunes de Sousa
Diagramação: Ana Solt e Juliana Pellegrini
Capa: Juliana Pellegrini

Desenvolvimento das receitas e preparo: Takehiro Ohno
Produção culinária: Gastón Vázquez
Teste das receitas: Lola Hausen
Fotografia: Santiago Soto Monllor
Food styling: Pía Fendrik
Assistente de fotografia: Ángela Copello
Assistente de produção: Tomás Guglielmini

www.vreditoras.com.br

Rua Cel. Lisboa, 989 | Vila Mariana
CEP 04020-041 | São Paulo | SP
Tel.| Fax: (+55 11) 4612-2866
editoras@vreditoras.com.br

ISBN 978-85-7683-805-0

Impressão e acabamento: Asia Pacific
Impresso na China · Printed in China

Dados Internacionais de Catalogação na Publicação (CIP)
(Câmara Brasileira do Livro, SP, Brasil)

Ohno, Takehiro
De mar a mar: receitas contemporâneas de peixes e frutos do mar / Takehiro Ohno; [tradução Isabel Vidigal]. -- São Paulo: Vergara & Riba Editoras, 2015.

Título original: *Cocina internacional de pescados y mariscos*

ISBN 978-85-7683-805-0

1. Culinária (Frutos do mar) 2. Culinária (Peixes) 3. Receitas I. Título.

14-13396 CDD-641.63

Índices para catálogo sistemático:
1. Peixes e frutos do mar: Receitas: Culinária 641.63

TAKEHIRO OHNO

De Mar a Mar

RECEITAS CONTEMPORÂNEAS DE PEIXES E FRUTOS DO MAR

EDIÇÃO DE TRINI VERGARA
FOTOGRAFIAS DE SANTIAGO SOTO MONLLOR

V&R EDITORAS

Sumário

De Mar a Mar

Meu sonho, desde pequeno, era ser chef. Nasci no Japão e vivi em mais de dez cidades diferentes dentro do meu país, todas perto do mar. Os peixes e frutos do mar, preparados com diversas receitas de família, foram meu alimento diário.

Mas, além dos sabores orientais, sempre fui atraído por estes do Ocidente. Quando comecei a estudar gastronomia, assisti a uma aula que me apresentou ao fascinante mundo da culinária espanhola e me apaixonei. Anos mais tarde, tive a oportunidade de morar e trabalhar em Donostia-San Sebastián, no País Basco, onde aprendi mais receitas deliciosas com peixes e frutos do mar.

Por sorte, nós, cozinheiros, temos uma "linguagem universal": a das nossas técnicas e segredos. Por isso, podemos trabalhar em qualquer lugar do mundo — superamos os obstáculos do idioma, da cultura e dos costumes com um sorriso... e com nossas receitas.

Pouco depois, o destino me trouxe à América Latina e à Argentina. Por isso, costumo dizer que meu caminho como chef passa "de mar a mar", do Pacífico ao Atlântico, combinando os sabores do Oriente e do Ocidente em uma deliciosa irmandade. Esta é uma "culinária com minha assinatura" e é um prazer apresentá-la neste meu primeiro livro.

Eu me dedico à gastronomia há vinte e três anos: metade da minha vida se passou no deslumbrante mundo da cozinha. A publicação deste livro tem um significado muito especial, pois sinto que o ato de cozinhar implica compartilhar: não o faço para mim, mas para os outros. Aprendi isso em meu primeiro trabalho como chef no restaurante Vascu, em Hakodate, no norte do Japão: ali, em certa ocasião, não pude suportar as pressões e a responsabilidade e apresentei minha demissão ao grande mestre Koji Fukaya. Sua única resposta foi: "O cliente está esperando". Suas palavras me impactaram profundamente! Desde então, meu trabalho foi inteiramente dedicado a satisfazer meus clientes, meus entes queridos e, agora, meus leitores.

Escolhi e escrevi as receitas deste livro com o mesmo amor e cuidado que aplico em cada vez que cozinho. Desejo de todo o coração que estas receitas sejam experimentadas e desfrutadas; para mim, isso será uma grande felicidade.

Por último, quero agradecer ao meu pai, à minha mãe e à minha irmã, que sempre me ajudaram e guiaram em meu caminho de cozinheiro.

A Manada Sensei, da Tsuji Cooking Academy, por me abrir as portas da culinária espanhola.

A Itamae Takase, do Sushi Takase (meu ídolo, quero ser como você!).

A Koji Fukaya, do Vascu, meu grande mestre da cozinha (sou chef, hoje, graças a você).

A Hilario Arbelaitz, do Zuberoa: você é meu exemplo de vida, sempre me sinto acompanhado por seu jeito de ser.

A Fernando Trocca, meu irmão argentino: graças a você, hoje eu moro na Argentina.

A todos aqueles com quem compartilhei estes anos de trabalho, por seu grande apoio e por suportar este japonês exigente! Tentei oferecer-lhes 100% de Ohno em todos os momentos.

Aos meus maiores fãs, Elisa, Maiuko e Gingo.

Domo Arigatou. Muito obrigado. Eskerrik asko.

Takehiro Ohno

Descobrir e desfrutar a culinária do mar

Cozinhar peixes e frutos do mar representa um grande paradoxo. Além de serem alimentos dos mais saudáveis e nutritivos, eles oferecem uma enorme diversidade de sabores e formas de preparo, dependendo de qual região do mundo sejam provenientes. Entretanto, em muitos lares, as pessoas costumam repetir apenas uma ou duas formas de cozinhar o peixe, por costume ou simplesmente por não terem descoberto a grande gama de possibilidades existentes, simples, deliciosas e rápidas.

O nosso objetivo ao publicar este livro é abrir um leque de receitas com os peixes e frutos do mar disponíveis nas peixarias locais, para que, em nossas cozinhas, tanto as dos mais experientes como as dos novatos, bem como as dos profissionais, possamos nos aventurar a desfrutar e descobrir as delícias oferecidas pelos nossos mares.

Mas, acima de tudo, este livro revela uma cozinha de autor e permite que Takehiro Ohno, mestre da culinária do mar, ofereça ao leitor uma experiência única que reflete sua vida incrível de cozinheiro viajante, de mar a mar. Saindo de seu Japão natal, levando consigo a herança chinesa da sua mãe e os elegantes pratos ocidentais aprendidos graças ao trabalho do seu pai, ele embarcou um dia na aventura que mudaria sua vida: o País Basco, na Espanha. Ali, sem saber o idioma ou os costumes, sem ter amigos ou dinheiro, conseguiu dominar a culinária de um povo que também é um grande mestre do mar. Mais tarde, com uma nova mudança no rumo de sua vida, chegou à Argentina, onde finalmente construiu uma família que, claro, é tão multicultural como ele.

Este livro é fruto de uma produção em que nós, os melhores profissionais de edição gastronômica do idioma castelhano, acompanhamos Ohno pela costa atlântica, à beira-mar. Cozinhamos peixes frescos dos mercados locais e acendemos fogueiras sob penhascos ventosos ao amanhecer, para captar fotos na melhor luz do dia, enquanto anotávamos cada detalhe das preparações do mestre.

Ninguém além de Ohno poderia oferecer esta variedade de receitas de peixes e frutos do mar: desde um tempurá perfeito, um delicioso espaguete à pescadora, um autêntico sushi caseiro, uma corvina na brasa bem *criolla*, camarões aromáticos e picantes, lulas marinadas... até uma paella e um fideuá memoráveis. Cada receita foi escrita e testada com precisão, para assegurar aos cozinheiros e cozinheiras que escolherem fazer qualquer uma será delas uma experiência prazerosa, tanto ao preparar como ao saborear e, melhor ainda, compartilhar.

Trini Vergara

Como comprar peixe, limpar e conservar

O principal conselho é comprar o peixe mais fresco possível. Para fazer uma boa escolha, os olhos devem estar translúcidos e não opacos, as brânquias bem vermelhas e a carne bem firme. Prefira sempre peixes já limpos (ou seja, sem escamas e sem vísceras). Em casa, termine de limpá-lo em água corrente, retirando principalmente todo o resto de sangue e vísceras, que são os primeiros a se deteriorar.

Se o peixe tiver sido comprado fresco, ele pode ser congelado em casa, depois de limpo. Porém, se foi comprado descongelado, é preciso consumi-lo em 24 horas após a compra (certifique-se com o peixeiro).

Para refrigerá-lo ou congelá-lo, seque bem o peixe inteiro com papel-toalha e envolva-o em mais papel, antes de colocá-lo em um saco e levá-lo à geladeira ou ao freezer. Se quiser conservar os filés sem retirar a pele, coloque-os em um recipiente hermético, de modo que cada filé toque sempre a carne do outro (em pares), mantendo a pele para o lado de fora. Isso ajuda a conservá-los.

Sempre que se prepara um peixe, é preciso preservá-lo ao máximo em ambiente resfriado. Por exemplo, se for preciso esperar antes de dividir os filés de peixe em pedaços menores (enquanto prepara outros ingredientes), mantenha-os sempre na geladeira, e não sobre a bancada da cozinha.

A faca e as mãos

Na tradição japonesa, a faca é uma continuação da mão, da mesma forma que uma espada é um prolongamento do braço de um samurai.

É preciso segurar a faca na base da lâmina, não somente no cabo: o dedo indicador deve ser apoiado sobre o dorso da faca. Mantenha um pano de prato sempre à mão, para limpar a lâmina constantemente, e outro pano úmido dobrado sob a tábua de corte para assegurar que ela não se mova. A mão que sustenta a faca não ficará em contato com o peixe que será cortado em filés, permanecendo seca. A outra mão ficará apoiada sobre o peixe enquanto são feitos os cortes horizontais e o segurará para virá-lo ou terminar os cortes necessários.

Por último, uma observação sobre a manutenção correta das facas: elas devem ser lavadas sempre com água fria e afiadas diariamente, ou antes de serem usadas.

1.

Como filetar pargo e outros peixes redondos

Os peixes redondos são os mais comuns: merluza, corvina, mero, pargo, salmão, badejo, bacalhau, tibiro. Eles têm um olho de cada lado da cabeça e são limpos e filetados da mesma maneira, obtendo-se dois filés, um de cada lado.

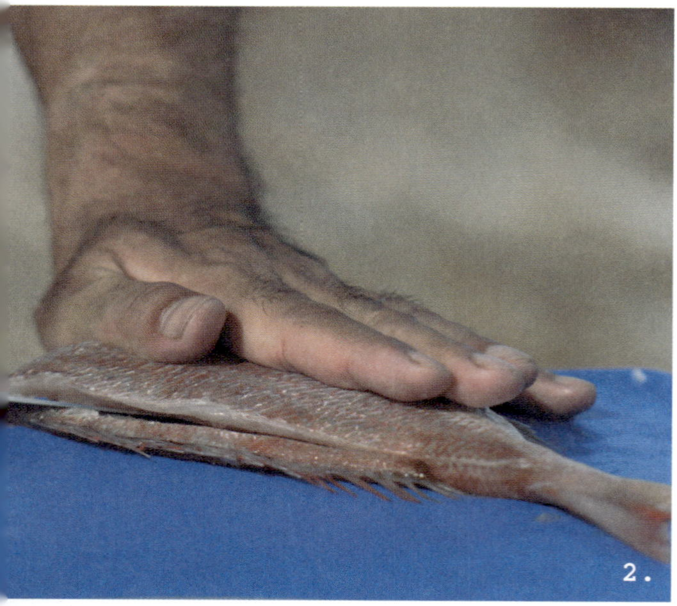

2.

1. Para cortar a cabeça, trabalhe um lado do peixe, cortando a metade e, depois, vire e corte do outro lado. O corte deve seguir a linha curva das guelras (órgãos respiratórios localizados nas laterais da cabeça); levante a guelra e faça o corte curvo, até tocar a coluna. Vire o peixe e repita o mesmo corte do outro lado. Ao final, corte a ponta da espinha dorsal e desprenda a cabeça (também é possível pedir ao peixeiro que entregue o peixe com a cabeça já cortada).

2. Depois de retirar a cabeça, faça um corte superficial ao longo de todo o peixe, pelo lado do dorso.

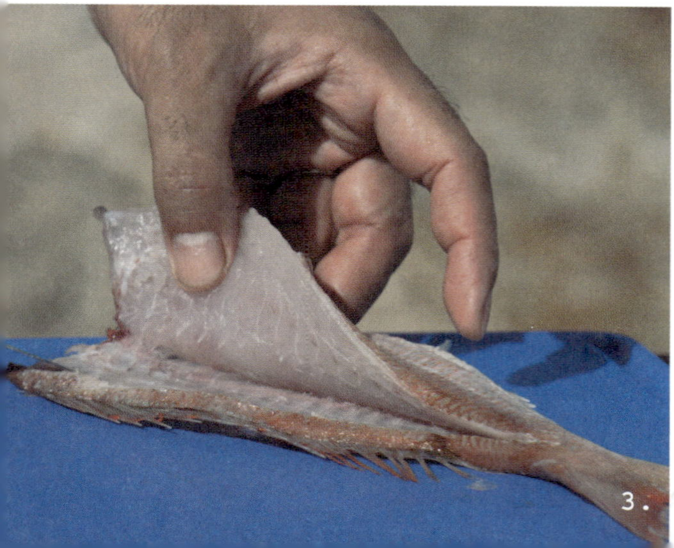

3.

3. Acompanhando a marca desse corte, avance com a faca, rente às espinhas, até tocar a coluna em todo o seu comprimento e pare aí. Repita o corte do outro lado.

4. Para terminar de desprender o filé inteiro (e não dois filés divididos pela coluna vertebral), levante as duas partes que ainda estão unidas pela coluna e insira a faca de um lado a outro, com cuidado.

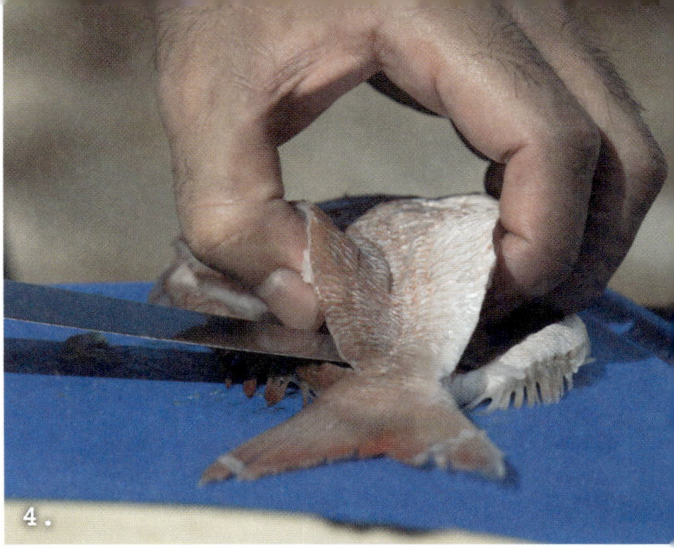
4.

5. Erga o peixe pelo rabo, insira a faca novamente de um lado a outro e desça, cortando rente à coluna, até desprender o filé inteiro.

Repita o processo do outro lado do peixe para obter o segundo filé.

5.

6. A espinha ficará solta e quase translúcida.

6.

Como filetar linguado e outros peixes achatados

Os peixes achatados têm os olhos sobre o dorso e a boca torta. O mais comum é o linguado, mas há outros tipos, como o peixe-galo e a solha. Para se obter quatro filés, dois de cada lado, o peixe deve ser filetado da seguinte maneira:

1. Se não for cortar a cabeça, risque com a ponta da faca todo seu contorno, levantando as guelras para que os filés se desprendam facilmente.

2. Faça uma primeira incisão superficial, marcando uma linha reta ao longo da coluna vertebral. Depois, faça outro corte raso ao redor de todo o peixe, pelo lado do dorso, suficiente apenas para romper a pele com um corte reto.

3. Apoiando a faca desde a coluna até um dos lados, insira a lâmina inteira da faca suavemente, com cuidado, procurando tocar a espinha. Tente fazer com que o corte da faca seja contínuo (e não em zigue-zague, para evitar marcas como fissuras); com a lâmina posicionada de forma oblíqua, deslize-a desde a coluna vertebral, apoiando-se sobre as espinhas, debaixo da carne, para liberar o filé limpo, até a lateral do peixe.

4. Repita o corte do outro lado do dorso, desde a coluna espinhal até a lateral.

Vire o peixe e repita os cortes, para obter os quatro filés limpos, com a pele.

4.

5. Para retirar a pele, apoie o filé com a pele voltada para baixo. Use a mão livre para puxar a pele por baixo do filé, começando pelo rabo, com movimentos laterais para um lado e para o outro.

Enquanto isso, a mão que segura a faca faz os cortes, deslizando-a rente à pele, mas sem tirar o peixe do lugar. Esses cortes devem ser suaves e contínuos, para não produzir um efeito "escamado", prejudicando a aparência.

5.

6. Para retirar as espinhas, corte do centro até a borda das duas áreas de espinhas laterais (isso varia conforme o peixe).

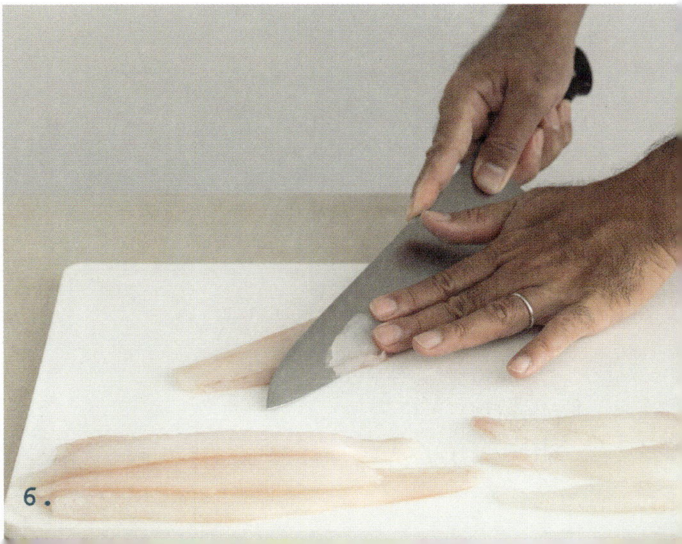

6.

1.

Como limpar lulas

As lulas devem ser limpas por dentro e por fora. Dependendo da receita, será usado somente o corpo (com a bolsa de tinta já limpa e vazia) ou também as outras partes.

2.

1. Em primeiro lugar, é preciso separar a cabeça com a boca (o tentáculo maior) e os tentáculos menores.

2. Em seguida, corte as guelras e reserve tudo, com exceção dos olhos, que devem ser descartados.

3.

3. Depois, retire a pele do corpo com um único movimento.

4. Por último, esvazie o interior inserindo um dedo para retirar a cartilagem.

5. Descarte a cartilagem.

6. Para o preparo de lulas recheadas, serão usadas todas as partes reservadas e limpas.

Como limpar camarões

Os camarões são muito mais saborosos quando comprados crus, tanto frescos como congelados. Quando crus, têm uma cor mais acinzentada mas, com o cozimento, adquirem um tom rosa-alaranjado.

Nestas receitas, usamos camarões de tamanho médio (cada um com cerca de 20 g, inteiros, com casca) e sua limpeza inclui a retirada das vísceras (que será explicada mais adiante). Dos camarões menores, não é preciso retirar as vísceras. Recomendamos reservar as cabeças e os rabos para o preparo de um delicioso caldo, descrito no final do livro, nas Receitas básicas (p. 151).

Dependendo do prato, os camarões serão usados de diversas formas: sem casca, mas inteiros, como na paella (p. 117), no tempurá (p. 121) ou fideuá (p. 146); sem casca e sem cabeça, mas com o rabo, como na sopa mediterrânea (p. 138); totalmente limpos e sem casca, para serem processados, como nas receitas de raviólis chaozú (p. 86), de bolinhos (p. 85), de camarões ao alho (p. 90) ou de risoto (p. 94); sem casca e abertos ao meio (em borboleta), para serem servidos com molho de pimenta chili (p. 81).

1. Para retirar a casca, segure o camarão pelo rabo. Usando o indicador e o polegar, abra a casca a partir das patinhas, primeiro desprendendo um lado e depois o outro, deixando a "base" livre.

2. Vire o camarão, sustentando o rabo com uma mão e, com a outra, levante a casca com um único movimento, desde o rabo até a cabeça.

3. Para retirar as vísceras, faça um leve corte no dorso do camarão, acompanhando sua curva.

4. Retire o filamento preto com os dedos ou com a ponta da faca.

5. Se quiser usar os camarões em borboleta (abertos ao meio), aprofunde o corte desde o dorso até o interior, sustentando o camarão com a mão livre enquanto ele é aberto, tomando cuidado para não cortar até o final.

6. Se quiser evitar que o camarão se curve no cozimento (como para a receita de camarões crocantes), faça três cortes transversais superficiais de cada lado, para romper a fibra.

DON JOSE

Capítulo 1

Peixes brancos

A primeira vez que experimentei essa receita, inspirada no bacalhau "a la vizcaína", foi quando cheguei ao País Basco, aos 26 anos. No Japão, nunca havia comido nada igual e não podia imaginar a técnica de cozimento, que consiste em saltear ou "escaldar" os vegetais, processá-los e cozinhar o peixe nesse molho, resultando em sabores intensos e integrados. Apresento aqui minha própria versão.

Mero em molho biscainho

RENDE PARA 4 PESSOAS

Para o molho biscainho:

- 1 cebola
- 2 pimentões vermelhos*
- 120 ml de azeite
- 2 dentes de alho picados
- sal
- 2 colheres de sopa de farinha de rosca caseira
- 1 colher de sopa de páprica
- 330 ml de fumê ou caldo de peixe (*ver receita na p. 150*)

- 2 filés (700 g, aproximadamente) de mero sem pele
- sal
- 4 batatas (700 g) cozidas, descascadas e cortadas em pedaços
- 2 colheres de sopa de salsinha picada
- 4 colheres de sopa de azeite

* Na receita original é utilizada a polpa de "pimientos choriceros", uma espécie de pimentão seco.

Descasque e corte a cebola e os pimentões à juliana no sentido oposto à fibra (em rodelas finas e, depois, ao meio). Aqueça o azeite em uma panela de tamanho médio. Junte o alho picado e, assim que vier à superfície, adicione a cebola, os pimentões e um pouco de sal, para que soltem água e não dourem facilmente. Cozinhe por uns 6-7 minutos e adicione a farinha de rosca, que engrossará o molho e lhe dará sabor. Tempere com a páprica e adicione o caldo. Reduza para fogo baixo, tampe e cozinhe por uns 15 minutos, mexendo de vez em quando e tomando cuidado para que o fundo não queime. Retire do fogo e bata com o mixer até obter um molho bem homogêneo. Não tem problema se o molho ficar um pouco grosso (ele será diluído com os sucos do cozimento do peixe).

Corte os filés de mero em pedaços de 5 cm x 6 cm, aproximadamente. Coloque-os na panela com o molho tampe e cozinhe em fogo baixo por mais uns 8-10 minutos. Ajuste o sal.

Sirva acompanhado por batatas cozidas, salsinha picada e um pouco de azeite.

Na cozinha asiática, este prato é extremamente popular. Se for difícil cortar o peixe com as espinhas, é possível prepará-lo perfeitamente com tiras de filé sem espinhas, para maior comodidade dos convidados.

Iscas de peixe fritas picantes

RENDE PARA 4 PESSOAS

- 400 g de filés de linguado fresco (ou outro peixe branco) limpos, secos e com pele (veja técnica nas pp. 16-17)
- 1 colher de sopa de shoyu
- ½ colher de sopa de saquê
- ½ colher de sopa de suco de gengibre (ralado e espremido com as mãos)
- 1,5 litro de óleo de milho (ou outro óleo vegetal para fritar)
- 120 g de amido de milho
- sanshou (pimenta japonesa)

Corte o peixe na diagonal, em tiras grossas, e reserve-as bem limpas e secas. Prepare a marinada misturando em uma vasilha o shoyu, o saquê e o suco de gengibre. Adicione as tiras de peixe à mistura e deixe marinar por 20-30 minutos.

Aqueça o óleo em uma frigideira funda. Prepare um prato com o amido de milho para empanar. Retire as tiras de peixe da marinada e seque-as completamente com papel-toalha. Trabalhando em porções, cubra bem as tiras de peixe com o amido de milho e frite-as no óleo até ficarem bem douradas dos dois lados.

Sirva quentes, polvilhadas com um pouco de pimenta sanshou.

Nota: sempre que empanar um peixe para fritar, esses passos devem ser feitos um em seguida do outro. Nunca deixe o peixe empanado esperando, pois a umidade desprendida do peixe absorverá a farinha usada para empanar e a fritura perderá sua qualidade (essa recomendação se aplica, em geral, à fritura de qualquer empanado).

Estes bolinhos são indispensáveis em uma mesa asiática, em que diversos pratos são servidos ao mesmo tempo para que todos compartilhem um pouco de cada.

Bolinhos de merluza com shoyu

RENDE 20 BOLINHOS

- 400 g de filés de merluza (ou outro peixe branco) limpos, secos e sem pele
- 100 ml de leite
- 100 ml de creme de leite
- 4 colheres de chá de gengibre fresco, descascado e ralado
- 4 colheres de chá de açúcar
- ½ colher de chá de sal
- 8 colheres de chá de amido de milho
- 3 colheres de sopa de cenoura picada em *brunoise*
- 4 colheres de sopa de vagem cortada em rodelas bem finas
- 1 litro de óleo de milho (ou outro óleo vegetal, para fritar)
- shoyu para acompanhar

* *Brunoise*: cubinhos de 2-3mm.

Corte os filés de peixe em pedaços. Junte com o leite, o creme de leite, o gengibre, o açúcar, o sal e o amido de milho em um liquidificador e bata até obter uma massa lisa e consistente. Transfira para uma tigela funda e adicione a cenoura e a vagem. Misture até que todos os ingredientes fiquem bem integrados. Com a ajuda de duas colheres, pegue ½ colherada da massa e modele os bolinhos no formato de "quenelle" *(ver fotos)*, ou como pequenos croquetes.

Em uma frigideira funda, aqueça o óleo, sem deixar esfumaçar, e frite pequenas porções de bolinhos por vez. Eles estarão cozidos quando subirem à superfície, mas deixe-os fritando até ficarem dourados. Retire-os com uma escumadeira e deixe-os sobre um prato forrado com papel-toalha. Sirva acompanhados com shoyu – cada bolinho é levemente mergulhado no molho de soja para realçar os sabores.

Aprender a preparar o refogado clássico, ou *sofrito*, é um dos segredos básicos do sabor da culinária basca (e de quase toda a culinária espanhola). Para mim, foi uma descoberta e tornou-se um hábito que nunca mais abandonei. Esta receita simples pode ser servida com quase qualquer peixe fresco.

Corvina
com refogado galego

RENDE PARA 4 PESSOAS

- 1 corvina (ou mero, de carne firme) de 1,2 kg aproximadamente, escamada, sem vísceras, cabeça, rabo nem guelras e bem limpa
- 4 batatas médias
- sal

Para o refogado:

- 1 cebola média
- 1 tomate médio
- 4 dentes de alho
- 100 ml de azeite
- sal
- 50 ml de vinagre de vinho
- 1 colher de sopa de páprica
- 2 colheres de sopa de salsinha picada

Corte o peixe em postas grossas, com um golpe seco sobre a espinha (ou peça que façam isso na peixaria).* Descasque e corte as batatas em pedaços irregulares de tamanho médio. Descasque e corte a cebola à juliana. Corte o tomate ao meio no sentido vertical e depois em 4 pedaços. Retire as sementes e o miolo e corte a polpa à juliana. Pique os dentes de alho.

Para o refogado, coloque o azeite frio e o alho em uma frigideira e leve ao fogo médio. Assim que o alho vier à superfície, adicione logo a cebola e o sal, para evitar que queime. Deixe a temperatura subir novamente e depois reduza, para refogar lentamente. Quando a cebola estiver macia, adicione o tomate e mantenha em fogo baixo, para que os sucos se liberem e evaporem um pouco. Adicione o vinagre e cozinhe mais alguns minutos (no total, o refogado levará uns 15 minutos). Por último, adicione a páprica e retire do fogo.

Em uma panela grande, aqueça 3 litros de água com as batatas e o sal até ferver. Reduza para fogo médio. Espete as batatas com um garfo, e quando estiverem macias, mas com o centro ainda firme, adicione os pedaços de peixe e cozinhe por mais 6 minutos. Escorra e sirva as batatas e o peixe cobertos com o refogado e decore com a salsinha picada por cima.

* Para evitar as espinhas, prepare este prato com filés.

Esta receita, uma das mais tradicionais e nostálgicas do País Basco, é feita originalmente com bacalhau seco dessalgado. Aprendi a técnica, mas eu a preparo com peixes frescos de carne firme, como o mero.

Mero al pil pil

RENDE PARA 4 A 6 PESSOAS

- 700 g de filés de mero limpos com pele (um mero de 900 g rende 2 filés, aproximadamente)
- sal
- 200 ml de azeite
- 2 dentes de alho fatiados em lâminas finas
- 1 pimenta ají ou piripiri cortada ao meio sem sementes

Limpe e seque bem os filés de peixe. No lado da pele, faça 3 cortes em diagonal com 3 cortes transversais, criando um padrão quadriculado para que a pele não se contraia, curvando os filés. Tempere com sal dos dois lados.

Em uma panela de barro, de preferência, aqueça o azeite com o alho e a pimenta cortada ao meio. Quando o alho subir à superfície, adicione os filés de peixe com a carne voltada para baixo.

Cozinhe em fogo médio somente por 2 minutos, movimentando a panela com frequência, para que os sucos (e o colágeno) sejam liberados pelo peixe e se emulsionem com o azeite, formando um molho. Vire os filés com a ajuda de uma pinça (ou de 2 colheres) e deixe cozinhar em fogo brando, com o lado da pele voltado para baixo. Não deixe de movimentar a panela horizontalmente sobre o fogo, para liberar os sucos que, emulsionados com o azeite, formarão o clássico molho pil pil.

Nota: no País Basco, o molho que sobra é saboreado com pedaços de pão.

O sashimi é uma das formas mais delicadas de preparar o peixe, talvez a maior homenagem que se pode fazer a ele. É muito fácil cortar o sashimi, mas é essencial que o peixe esteja fresco e refrigerado antes de cortá-lo. A segunda condição é que a lâmina da faca esteja muito bem afiada. Dessa forma, o corte será fácil e limpo.

Sashimi marinado em algas kombu

RENDE PARA 4 PESSOAS

- 60 g de alga kombu* (4 folhas de 20 cm, aproximadamente)
- 400 g de filés de linguado (3-4 filés) limpos, secos e sem pele (*ver técnica nas pp. 16-17*)
- sal marinho
- 1 pepino
- 2 colheres de sopa de vinagre de arroz
- 2 colheres de sopa de shoyu light
- 220 ml de caldo japonês de algas (*ver receita na p. 150*)
- 1 colher de chá de wasabi (pasta picante de raiz-forte)
- 1 colher de sopa de açúcar
- 1 pedaço de gengibre fresco descascado

* Disponível em lojas de produtos orientais.

Na véspera, mergulhe as folhas de kombu em água fria por 1 minuto para hidratá-las. Estenda as folhas sobre a bancada e seque ambos os lados com papel-toalha. Tempere os filés com um pouco de sal dos dois lados. Coloque um filé sobre a folha de alga e enrole, envolvendo o peixe. Repita o processo com todos os filés (*ver fotos*). Deixe por uma noite na geladeira.

No dia seguinte, prepare o pepino marinado. Com um fatiador de legumes, ou com uma faca afiada, corte o pepino em fatias bem finas, sem descascá-lo. Polvilhe com sal e deixe escorrer em uma peneira por cerca de 15 minutos. Prepare a marinada com o vinagre, o shoyu, o caldo, o wasabi e o açúcar. Misture com o pepino e leve à geladeira.

Desenrole o peixe, descarte as algas e corte os filés na diagonal, em pedaços de 3-4 mm de espessura. Disponha em um prato de forma decorativa e sirva acompanhados com o pepino marinado e fios de gengibre ralado.

No Japão, utilizamos 3 tipos de algas marinhas: wakame, nori e kombu. O wakame é usado como uma verdura; o nori é usado para o sushi, e também como condimento, picado; o kombu é a base do caldo japonês: hidratado, pode ser usado como verdura ou para marinar.

Linguado marinado ao vinagrete

RENDE PARA 4 PESSOAS

- 4 filés de linguado (500 g, aproximadamente)
- 1 colher de chá de sal
- 1 dente de alho picado
- 45 ml de vinagre de vinho ou de maçã
- 60 ml de azeite
- 1 colher de chá de pimentão vermelho picado em *brunoise*
- 1 colher de chá de pimentão verde picado em *brunoise*
- 1 colher de chá de cebola picada em *brunoise*
- 1 colher de chá de salsinha picada
- ½ colher de sopa de azeite

* *Brunoise*: cubinhos de 2-3mm.

Corte os filés em tiras de 0,5 cm de espessura e cerca de 10 cm de comprimento, apoiando a base da lâmina da faca em diagonal e deslizando-a até a ponta em um único movimento.

Escolha uma travessa ampla e plana para preparar a marinada, respeitando a ordem dos condimentos. Primeiro, polvilhe um pouco de sal sobre o fundo e disponha as tiras de peixe formando uma só camada. Tempere os pedaços de peixe com o restante do sal. Espalhe o alho picado por cima, uniformemente, para que haja um pouco de alho sobre cada um dos filés. Regue cuidadosamente com o vinagre, certificando-se de cobrir toda a superfície da travessa e depois faça o mesmo com o azeite. Cubra com filme plástico e deixe na geladeira por no mínimo 3 horas (o ideal é 24 horas).

Retire o filme plástico e complemente com os pimentões, a cebola e a salsinha picada, distribuindo-os sobre peixe, de modo que cubram todos os filés. Finalize com um fio de azeite e sirva.

Linguado com shoyu e gengibre

RENDE PARA 2 PESSOAS

- 1 linguado inteiro (1,2 kg)
- 2 colheres de sopa de alga wakame seca*
- 2 xícaras de água
- 100 ml de saquê
- 4 colheres de sopa de shoyu
- 4 colheres de sopa de mirin (saquê para uso culinário)
- 2 colheres de sopa de açúcar
- 1 pedaço de 5-6 cm de gengibre fresco descascado e fatiado em lâminas finas

* Disponível em lojas de produtos orientais. Depois de reidratada, pesará 120 g.

Prepare o peixe certificando-se de que esteja bem limpo (sem traços de sangue e vísceras). Sobre um dos lados, faça um corte em cruz com uns 5-6 cm de comprimento, até alcançar a espinha.

Antes de iniciar o cozimento do peixe, mergulhe a alga wakame na água fria para reidratar e recuperar seu volume e peso.

Despeje todos os líquidos (saquê, shoyu, mirin) em uma panela rasa ou frigideira, junte o açúcar e o gengibre e mexa até dissolver o açúcar. Coloque o peixe na panela, com o corte para cima, e leve ao fogo baixo. Quando levantar fervura, reduza para fogo baixo e, com uma colher, regue o peixe com o caldo várias vezes. Tampe e deixe cozinhar por 6 minutos. A carne se abrirá no lugar do corte e será possível ver quando o peixe estiver cozido.

Adicione à panela as algas já hidratadas e cozinhe por mais 1 minuto. Descarte o gengibre e sirva o peixe com as algas, regado com seu caldo.

O nome original desta receita típica da região de Kyoto é "Saikyo Yaki". O missô é usado para curar o peixe durante uma noite inteira, proporcionando-lhe sabor e textura únicos. Para acompanhar, sirva o clássico gengibre em conserva.

Mero curado em missô na grelha

RENDE PARA 4 PESSOAS

- 2 filés de mero sem pele (700 g, aproximadamente)
- 300 g de missô branco*
- 4 colheres de sopa de mirin (saquê para uso culinário)
- 1 colher de sopa de açúcar

Para o gengibre em conserva:

- 4 colheres de sopa de vinagre de arroz
- 3 colheres de sopa rasas de açúcar
- uma pitada de sal
- 50 g de gengibre fresco (2 pedaços de aproximadamente 5-6 cm)

* Pasta de soja fermentada. O missô branco é o mais comum e suave, diferente do missô vermelho, mais escuro e forte.

Limpe e seque bem os filés de peixe e envolva cada um em papel-toalha. Na noite anterior, prepare a marinada, misturando o missô com o mirin e o açúcar. Escolha uma travessa ou um recipiente amplo e cubra o fundo com metade da marinada de missô. Coloque na travessa os filés envolvidos no papel e espalhe o restante da marinada por cima. Cubra a travessa com filme plástico e deixe na geladeira por uma noite (ou, no mínimo, por 12 horas). Dessa forma, durante o processo de cura não haverá contato direto entre o missô e o peixe, mas sim através do papel (também pode ser usado um tecido fino de algodão).

No dia seguinte, prepare o fogo para assar. Coloque uma boa quantidade de brasas sob a grelha, para conseguir um fogo forte. Retire e descarte o papel dos filés, e coloque-os diretamente sobre a grelha bem quente. Asse durante 1-2 minutos de cada lado (os filés estarão mais rígidos por causa da marinada de missô e será mais fácil virá-los). Sirva acompanhado do gengibre em conserva.

Gengibre em conserva: Em uma panela pequena, misture o vinagre com o açúcar e o sal. Leve ao fogo alto até levantar fervura e, em seguida, desligue o fogo. Descasque e fatie o gengibre em lâminas bem finas. Branqueie o gengibre fatiado por 1 minuto em água fervente com sal. Retire o gengibre do fogo e escorra. Adicione à mistura de vinagre e reserve. Sirva em temperatura ambiente.

Minha avó nasceu no Japão, mas, quando se casou, foi viver na China, onde permaneceu por 35 anos e onde também nasceu minha mãe. Por isso, aprendi em casa os segredos da cozinha chinesa, como esta receita, um clássico que pertence ao mundo.

Wok chinesa
de peixe e folhas verdes

RENDE PARA 2 PESSOAS

- 400 g de filés de peixe branco limpos (mero, corvina, linguado)
- 1 colher de sopa de saquê
- 1 colher de sopa de amido de milho
- 2 pés (150 g) de chingensai (acelga chinesa)
- 2 colheres de sopa de óleo de girassol
- 1 dente de alho picado
- 1 colher de sopa de molho de peixe nam pla

Corte os filés em pedaços de 3 cm x 3 cm, aproximadamente. Coloque-os em um recipiente e regue com o saquê. Empane-os somente com o amido de milho.

Lave bem os chingensai e separe os talos das folhas. Corte os talos na diagonal e as folhas ao meio.

Aqueça uma wok (ou frigideira) até ficar bem quente. Adicione metade do óleo e o alho picado. Junte os pedaços de peixe e salteie no fogo alto rapidamente, para que cozinhem sem dourar. Retire e reserve. Na mesma wok, adicione o restante do óleo e refogue o chingensai por uns 30 segundos. Retorne o peixe à wok, continue a saltear e finalize temperando com o nam pla. Sirva imediatamente.

"DON CARMELO"
DON CAR

Esta receita, típica dos pastores das montanhas do País Basco e de Navarra, começa a ser preparada com três dias de antecedência, pois esse é o tempo que o bacalhau salgado necessita para ser dessalgado e reidratado, recuperando sua textura fresca. Como alternativa, pode-se usar mero fresco.

Bacalhau al ajoarriero

RENDE PARA 4 PESSOAS

- 1 kg de bacalhau salgado seco (1 pedaço com 2-3 cm de espessura), para render 900 g de filé limpo após ser dessalgado*
- 2 cebolas médias
- 2 pimentões vermelhos
- ½ xícara de azeite
- 4 dentes de alho picados
- 100 g de extrato de tomate
- 2 colheres de sopa de farinha de rosca caseira

***Para dessalgar o bacalhau:** lave bem o bacalhau com água fria para retirar todo o sal superficial. Escolha uma travessa funda onde ele possa ficar submerso e adicione 3 litros de água. Tampe bem e deixe na geladeira por 2 dias inteiros, trocando a água uma vez por dia. No terceiro dia, pode cozinhá-lo.

Assim que o peixe estiver dessalgado, use uma boa faca para retirar o filé (*ver técnica na p. 14*) limpo, sem espinhas nem pele. Corte o filé em cubos de 2 cm x 2 cm.

Descasque e corte as cebolas em rodelas finas e, depois, corte as rodelas pela metade (para obter um corte à juliana contra a fibra). Corte os pimentões em quartos, no sentido do comprimento, retire as sementes e corte em fatias finas, também contra a fibra.

Em uma panela grande, coloque o azeite e o alho picado e leve ao fogo médio. Quando o alho começar a fritar, adicione a cebola e o pimentão e mexa até que eles fiquem macios e a cebola esteja transparente. Adicione o extrato de tomate, reduza para fogo baixo, tampe a panela e cozinhe por uns 20 minutos, mexendo de vez em quando para evitar que grude no fundo da panela. Em seguida, adicione a farinha de rosca e misture bem.

Com a ajuda de um mixer, bata o refogado aos poucos, até adquirir uma textura rústica, e não completamente lisa. Por último, adicione os pedaços de bacalhau na panela do molho e cozinhe em fogo baixo por mais 30 minutos, mexendo de vez em quando. Sirva acompanhado de pão caseiro e um bom vinho rosé gelado.

Em fevereiro, em pleno inverno de San Sebastián, País Basco, os bares de sidra são abertos. Eu e meus amigos cozinheiros gostávamos de degustar uma boa tortilha de bacalhau no jantar, acompanhada por uma sidra gelada e espumante.

Tortilha de bacalhau

RENDE PARA 4 PESSOAS

- 300 g de filé de bacalhau dessalgado, limpo, retirado de um pedaço de uns 500 g de bacalhau seco (*ver a técnica de dessalgar na página anterior*)
- 1 cebola média
- 1 pimentão verde médio
- ¼ xícara de azeite + 1 ½ colher de sopa adicional para a tortilha
- 2 dentes de alho picados
- 1 colher de sopa de salsinha picada
- 8 ovos

Desfie o filé dessalgado com os dedos. Descasque e corte a cebola em *brunoise (ver p. 29)*, e faça o mesmo com o pimentão.

Em uma frigideira de uns 25 cm de diâmetro, aqueça o azeite em fogo médio. Refogue *(ver p. 33)* a cebola, o pimentão e o alho até que estejam macios e a cebola esteja transparente e adocicada (10-12 minutos). Adicione o bacalhau e cozinhe por mais 10 minutos. Desligue, deixe esfriar e adicione a salsinha.

Em uma tigela funda, bata os ovos e adicione aos poucos a mistura de bacalhau, para equilibrar gradualmente a diferença de temperatura. Na mesma frigideira, aqueça o azeite adicional e despeje, de uma só vez, a mistura de ovos e bacalhau. Nivele a superfície com uma espátula e, em seguida, passe a espátula pelas bordas internas da frigideira, empurrando a mistura para o centro, para que cozinhe por igual. Ao mesmo tempo, movimente a frigideira sobre o fogo para assegurar que a tortilha se solte. Se ela grudar no fundo, adicione outra colher de chá de azeite pela borda interna da frigideira e movimente-a sobre o fogo novamente. No total, cozinhe por uns 6-7 minutos (o ponto de cozimento deve ser intermediário, para que conserve a umidade e os ovos não fiquem ressecados).

Vire a tortilha com a ajuda de uma tampa de panela, invertendo-a sobre esta com um movimento rápido e firme. Deslize novamente a tortilha para a frigideira sobre o fogo, com o lado cru para baixo, para terminar o cozimento, por mais uns 3 minutos. Sirva acompanhado por uma sidra gelada.

Capítulo 2

Salmão e outros peixes semigordurosos

Esta receita clássica, uma das mais apreciadas e conhecidas da culinária japonesa, é, na realidade, muito simples e não tem segredos. Quando acompanhada por arroz branco, para mim, é a melhor combinação de sabores da gastronomia japonesa. O prato pode ser servido com cebolinha, como sugerido na foto.

Salmão em molho Teriyaki

RENDE PARA 4 PESSOAS

- 800 g de filé de salmão limpo com pele (se possível, da parte mais larga do peixe)
- 4 talos de cebolinha
- 4 colheres de sopa de shoyu
- 2 colheres de sopa de mirin (saquê para uso culinário)
- 1 colher de sopa de saquê
- 1 colher de chá de açúcar
- 1 colher de chá de óleo

Corte o salmão em 8 postas de aproximadamente 2 cm de largura. Limpe, apare as bordas irregulares e retire as espinhas, se houver, com a ajuda de uma pinça pequena. Corte os talos de cebolinhas em cruz e lave-os bem. Deixe escorrer e corte em pedaços de 5-6 cm de comprimento. Em um recipiente, coloque o shoyu, o mirin e o açúcar e mexa até dissolver o açúcar.

Aqueça o óleo em uma frigideira, em fogo alto. Coloque os pedaços de salmão com a pele para baixo e, quando começarem a dourar, junte as cebolinhas, para que também dourem. Depois de 2-3 minutos, vire o salmão e deixe por mais 2-3 minutos. No final, despeje a mistura de shoyu, mirin e saquê pelas laterais do peixe. Quando levantar fervura, use uma colher para regar o peixe com o molho. Não vire o salmão de novo; sirva-o imediatamente, acompanhado pelo molho teriyaki, cebolinha e arroz branco *(ver p. 152)*.

Entre todas as maneiras de preparar um peixe, tanto no Japão como no País Basco ou em qualquer outro lugar do mundo, esta receita é a minha favorita, definitivamente. Parece que transmiti esse gosto aos meus filhos, porque também é a preferida deles.

Pargo com alho frito

RENDE PARA 2 PESSOAS

- 6 colheres de sopa de azeite
- 2 filés de pargo* com pele
- sal
- 70 g de farinha de trigo
- 6 colheres de sopa de vinagre de maçã
- 1 colher de chá de salsinha picada

Para os chips de alho:

- 2 colheres de sopa de azeite
- 2 dentes de alho em lâminas finas

* Também pode ser cortado em borboleta, como na foto. Se não encontrar pargo, use hadoque, corvina ou merluza.

Aqueça o azeite em uma frigideira grande o bastante para fritar 2 filés (ou use uma *paellera*, se preparar uma quantidade maior).

Tempere os filés com sal dos dois lados e empane-os levemente com a farinha, em um prato raso. Leve-os imediatamente à frigideira, com o lado da carne voltado para baixo. Frite por apenas 2 minutos, para que fiquem um pouco crus e seja mais fácil virá-los. Depois de virar, cubra a frigideira com papel-alumínio (para que o vapor libere os sucos) e cozinhe por mais 4 minutos.

Enquanto os filés cozinham, coloque as 2 colheres de azeite e as lâminas de alho em outra frigideira pequena e leve ao fogo alto. Quando começar a dourar, reduza o fogo para baixo e termine de fritar, tomando cuidado para que não queimem. Retire do fogo e reserve.

Para finalizar a receita do peixe, retire o papel-alumínio e regue com o vinagre, emulsionando os sucos com movimentos rápidos e circulares da frigideira sobre o fogo. Sirva os filés regados com seu molho, cobertos com os chips de alho e um pouco de salsinha picada.

Reza a lenda que a técnica do escabeche chegou ao Japão com os "bárbaros do sul", como eram chamados os espanhóis que chegaram a Nagasaki, vindos das Filipinas, no século XVI. Com o passar do tempo, o prato adotou os sabores locais, mas conservou a base de um verdadeiro e delicioso escabeche.

Escabeche de salmão

RENDE PARA 2 PESSOAS

- 300 g de filé de salmão limpo sem pele
- 750 ml de óleo para fritar
- ¼ xícara de farinha de trigo para empanar
- 2 talos de cebolinha
- 120 ml de vinagre de arroz
- 120 ml de shoyu
- 60 ml de caldo japonês de algas (*ver receita na p. 150*)
- 1 colher de sopa de açúcar
- 2 colheres de sopa de saquê
- 1 pedaço de 3 cm de gengibre fresco
- 2 pimentas-malaguetas secas

Corte o salmão em fatias de aproximadamente 0,5 cm de espessura. Aqueça o óleo em uma frigideira. Empane as postas de salmão na farinha e frite-as no óleo. Retire e coloque diretamente na travessa de servir. Lave os talos de cebolinha, corte em tiras de 7-8 cm e, depois, à juliana bem fina. Espalhe a cebolinha sobre o salmão.

Enquanto isso, em uma panela de tamanho médio, coloque o vinagre, o shoyu, o caldo, o açúcar e o saquê e mexa até dissolver bem. Adicione o gengibre e a pimenta seca, ambos finamente picados. Leve ao fogo até levantar fervura e despeje a mistura sobre o salmão e a cebolinha. Deixar esfriar até atingir a temperatura ambiente antes de servir. Pode ser conservado na geladeira por até uma semana.

O "marmitako" é um cozido clássico dos pescadores bascos, preparado com o que eles trazem ao chegar ao porto. Também é servido nos bistrôs do litoral, com o peixe fresco do dia. Gosto desta versão porque é muito natural, sem adição de ervas aromáticas, para que possamos sentir os sabores puros e frescos.

Marmitako com atum

RENDE PARA 4-6 PESSOAS

- 800 g de filé de atum fresco limpo
- 1 pimentão vermelho grande
- 1 pimentão verde grande
- 2 cebolas
- 6 tomates
- 350-400 g batatas
- ¼ xícara de azeite
- 2 dentes de alho picados
- sal
- 400 ml de fumê ou caldo de peixe (*ver receita na p. 150*)
- 1 colher de sopa de salsinha picada

Corte o filé de atum em cubos de 2 cm x 2 cm. Corte os pimentões e as cebolas em pedaços irregulares de 1-2 cm de largura. Faça o mesmo com os tomates, descartando a pele e as sementes.

Descasque as batatas.

Em uma panela grande, aqueça o azeite com o alho em fogo médio. Assim que o alho vier à superfície, adicione as cebolas e refogue *(ver p. 33)* lentamente, até que fiquem transparentes. Acrescente os pimentões e refogue por mais 3-4 minutos. Junte os tomates picados, tempere com sal e deixe cozinhar enquanto a mistura solta seus sucos e os tomates se desmancham um pouco (mais 5 minutos). Coloque os pedaços de atum e misture com cuidado. Despeje o caldo e mexa. Por último, adicione as batatas que serão cortadas grosseiramente com uma faca pequena sobre a própria panela, em pedaços irregulares. Essa forma de cortá-las permite que liberem mais amido, que servirá como um espessante natural do cozido.

Mantenha o cozimento por mais uns 20 minutos (ou até que as batatas estejam macias), retirando e descartando, com uma escumadeira, a espuma formada na superfície. Sirva em travessas de barro, com um pouco de salsinha picada por cima.

Este prato típico do norte do Japão deve seu nome à forma de tratamento *To-chan*, que significa "papai", pois costuma ser feito pelos homens de Hokkaido, meu povoado natal. Recomendo esta receita a todos, por ser simples de preparar e absolutamente deliciosa.

Chan Chan Yaki
ou salmão grelhado

RENDE PARA 4-6 PESSOAS

- 800 g de filé de salmão limpo sem pele
- 1 cebola grande
- ½ cenoura
- 150 g de cogumelos frescos
- 100 g de brotos de soja frescos
- 100 g de missô branco*
- 60 ml de mirin (saquê para uso culinário)
- 50 g de açúcar
- 50 g de manteiga
- 1 colher de sopa de cebolinha bem picada

* Pasta de soja fermentada. O missô branco é o mais comum e suave, diferente do missô vermelho, mais escuro e forte.

Termine de limpar bem o salmão e retire as espinhas, se houver, com a ajuda de uma pinça. Corte a cebola e a cenoura à juliana fina, e os cogumelos em lâminas. Lave e escorra os brotos de soja. Em uma vasilha, misture o missô, o mirin e o açúcar até obter uma pasta com a qual o peixe será pincelado.

Aqueça em fogo médio uma chapa grande e plana ou uma frigideira grande, em que seja possível cozinhar o filé inteiro. Adicione 1 colher de chá de manteiga e refogue a cebola, a cenoura e os brotos de soja, apenas por alguns minutos. Espalhe tudo para formar uma base ou "cama" e coloque o filé de salmão inteiro por cima. Pincele a superfície do peixe com a mistura de missô, para temperá-lo. Cubra com os cogumelos e salpique pedacinhos do restante da manteiga por cima. Envolva completamente com papel-alumínio, vedando as bordas para que o vapor não escape. Cozinhe o salmão embrulhado em fogo médio durante 20-25 minutos.

Para servir, retire o papel-alumínio e decore com a cebolinha picada. Se quiser seguir os costumes de Hokkaido, o pai, depois do preparo, apresenta o prato à família, corta todo o salmão com uma espátula, picando e misturando completamente os ingredientes, antes que todos se sirvam.

Este foi o primeiro prato espanhol que aprendi no Japão com meu mestre Koji Fukaya, que me levaria, anos mais tarde, ao País Basco. Para mim, eram sabores totalmente novos e, cada vez que cozinho este escabeche simples e saborosíssimo, as boas recordações voltam à minha mente.

Escabeche de peixe com suco de laranja

RENDE PARA 4-6 PESSOAS

- 200 ml de azeite
- 400 g (3-4 filés) de pargo limpos, secos e com pele (*ver técnica nas pp. 14-15*)
- sal
- 70 g de farinha de trigo
- 2 dentes de alho
- 1 cebola média
- ½ cenoura
- ½ pimentão vermelho
- ½ pimentão verde
- 50 ml de vinagre de maçã
- 50 ml de suco de laranja
- 50 ml de vinho branco
- 1 colher de sopa de estragão fresco
- 2 folhas de louro
- 1 colher de sopa de endro fresco
- 2 laranjas

Em uma frigideira grande, aqueça o azeite até chegar a 180°C, bem quente. Enquanto isso, corte os filés de peixe em cubos, tempere com sal e passe na farinha para empanar. Em seguida, frite até que dourem completamente. Retire da frigideira e coloque-os em uma travessa.

Fatie o alho, a cebola, a cenoura e os pimentões à juliana. No azeite em que o peixe foi frito, refogue primeiro o alho, tomando cuidado para que não doure. Adicione o restante dos vegetais e refogue por 2-3 minutos. Despeje o vinagre, o suco de laranja e o vinho e, assim que levantar fervura, adicione as ervas (o estragão, o louro e o endro). Cozinhe um pouco mais e despeje esse molho fervente sobre o peixe na travessa. Deixe esfriar até atingir a temperatura ambiente e conserve na geladeira.

Descasque as laranjas removendo até a membrana branca interna, depois separe em gomos (com uma faca pequena e afiada, retire os gomos separando as membranas entre eles). Decore o peixe com os gomos de laranja e sirva.

"Chao" vem da palavra "saltear" em chinês e "han" significa arroz já cozido. Este prato costuma ser preparado no dia seguinte de um jantar com o que tiver sobrado de arroz branco e outros ingredientes que podem estar crus, como nesta receita, ou previamente cozidos.

Chao Han de salmão

RENDE PARA 4 PESSOAS

- 4 xícaras de arroz branco cozido (equivalente a 2 xícaras de arroz cru)
- 400 g de filé de salmão*
- 200 g (aproximadamente 20 folhas) de alface-romana
- 6 colheres de sopa de óleo de girassol
- 4 ovos
- 2 colheres de chá (2-3 dentes) de alho picado
- 2 colheres de chá de gengibre fresco picado
- 2 colheres de sopa de cebolinha picada
- 2 colheres de sopa de shoyu
- sal e pimenta-do-reino

* É possível substituir por qualquer outro peixe, carne vermelha ou frango, previamente cozido, mesmo se estiver empanado.

Prepare o arroz como indicado na receita da p. 152 e deixe esfriar (ou utilize arroz previamente cozido, em temperatura ambiente). Limpe bem o salmão e retire as espinhas, se houver, com a ajuda de uma pinça. Corte em pedaços de 1 cm de largura, depois em tiras e, por fim, em cubinhos de 1 cm.

Lave e seque as folhas de alface e, depois, corte em tirinhas.

Escolha uma wok ou uma frigideira grande e leve ao fogo alto. Coloque 2 colheres de sopa de óleo e quebre os ovos por cima. Mexa imediatamente e salteie até ficarem cozidos, sem dourar. Retire os ovos mexidos da wok e reserve. Adicione mais 2 colheres de sopa de óleo à panela e, desta vez, frite os cubos de salmão por 2-3 minutos, até que estejam apenas cozidos, e retire-os da wok. Despeje as últimas 2 colheres de sopa de óleo à wok e refogue o alho, o gengibre e a cebolinha. Assim que o alho vier à superfície do óleo, coloque o arroz. Com a ajuda de uma espátula ou colher de pau, solte os grãos à medida que o arroz for aquecendo. Quando os grãos estiverem bem soltos, acrescente as tirinhas de alface e mexa bem, continuando com o refogado. Quando estiver bem misturado, adicione os ovos reservados e o salmão. Despeje o shoyu pelas laterais e termine de mexer no fogo alto, misturando tudo muito bem. Finalize temperando com sal e pimenta-do-reino e sirva imediatamente.

Um prato fácil e rápido, ideal para muitos convidados, pois rende bastante. Tem todos os sabores da culinária mediterrânea e pode ser preparado com diferentes peixes, como o atum, a cavala, a sardinha ou o tibiro.

Gratinado de peixe e vegetais

RENDE PARA 6-8 PESSOAS

- 700 g de filés de peixe fresco e limpo
- sal
- 3 tomates (aproximadamente 600 g)
- 2 abobrinhas (aproximadamente 250 g)
- 1 berinjela (aproximadamente 200 g)
- 6 colheres de sopa de farinha de rosca caseira
- 6 colheres de sopa de queijo parmesão ralado
- 2 dentes de alho picados
- 1 colher de sopa de salsinha picada
- 3 colheres de chá de azeite

Para regar no final:

- ¼ xícara de vinho branco
- ¼ xícara de azeite

Tempere os filés com sal. (Se escolher um peixe maior do que a sardinha, corte os filés na diagonal pela metade, para que fiquem com um tamanho proporcional ao dos vegetais em rodelas.) Corte os tomates e as abobrinhas, sem descascar, em rodelas de 0,5 cm de espessura, descartando a base. Faça o mesmo com a berinjela, mas corte as rodelas ao meio.

Escolha uma travessa refratária grande, de aproximadamente 20 cm x 28 cm. Disponha os ingredientes verticalmente, em camadas alternadas, da seguinte maneira: comece por uma fileira de abobrinhas, seguida por uma de filés de sardinha, uma de tomates e uma de berinjelas. Continue seguindo essa ordem, pressionando um pouco as camadas para que uma sustente a outra (*ver as fotos*).

Prepare uma "farofa" com a farinha de rosca, o queijo ralado, o alho, a salsinha e as 3 colheres de chá de azeite. Espalhe a mistura uniformemente por cima de toda a superfície e finalize regando com vinho branco e azeite.

Leve ao forno pré-aquecido a 250°C e asse por 30-35 minutos, até gratinar.

O missô é a pasta de soja fermentada, obtida a partir da fabricação do molho. Com o mesmo sabor da soja, é o tempero mais popular no Japão. Esta receita é uma combinação básica de peixe e missô,um clássico que não pode faltar.

Tibiro com molho de missô

RENDE PARA 2 PESSOAS

- 400-450 g de filés de tibiro ou de cavala com pele (*ver técnica de filetar na p. 14*)
- 80 g (1 unidade de 20-24 cm de largura) de raiz de bardana fresca ou de nabo fresco
- 1 pedaço de 3 cm de gengibre fresco
- 3 colheres de sopa de saquê
- 2 colheres de sopa de mirin (saquê para uso culinário)
- 4 colheres de sopa de açúcar
- 4 colheres de sopa de missô branco*

* O missô branco é o mais comum e suave, diferente do missô vermelho, mais escuro e forte.

Corte os filés de peixe em pedaços grandes de aproximadamente 6 cm x 4 cm.

Raspe a raiz de bardana com o lado cego de uma faca, para não ficar branca e conservar um pouco da casca, muito saborosa. Trabalhando rapidamente, corte-a em quartos e depois em 4 palitos. Mergulhe-os imediatamente em água e reserve até a hora de usar. Se for usar nabo, descasque e corte em palitos. Descasque e corte o gengibre em lâminas finas.

Escolha uma panela não muito funda e com tampa. Despeje o saquê, o mirin, o açúcar e o missô e dissolva bem. Coloque os pedaços de peixe com o lado da carne para baixo e, entre eles, os palitos de bardana ou nabo e as lâminas de gengibre. Leve ao fogo médio e, quando levantar fervura, vire com cuidado os pedaços de peixe. Tampe, reduza o fogo o máximo possível e cozinhe por 12-15 minutos, até que a raiz esteja pronta (mesmo se ainda tiver uma textura fibrosa e um pouco crocante). Sirva imediatamente.

O tibiro pertence ao grupo dos "peixes azuis", que inclui o atum e a cavala. Eles possuem uma cor prateada e azulada e nadam longos percursos em águas profundas (por isso são chamados de "viajantes").

Durante minha infância no Japão, vivíamos mudando de cidade em cidade em razão dos diversos hotéis gerenciados por meu pai. Seu melhor amigo era Muraki, o chef da rede, a quem eu admirava. Eu me imaginava adulto, vestido como ele, de chef, não com terno e gravata. Em seus restaurantes, tive meu primeiro contato com a culinária internacional e, entre os muitos pratos que aprendi, este é um dos meus favoritos, uma clássica entrada com estilo francês.

Tartar de salmão

RENDE PARA 4 PESSOAS (12 *QUENELLES*)

- 320 g de filé de salmão fresco
- 2 colheres de sopa de alcaparras
- 4 colheres de sopa de endro fresco picado
- 2 talos de cebolinha
- 2 colheres de sopa de mostarda de Dijon
- 1 colher de sopa de suco de limão
- 2 colheres de sopa de azeite de oliva extra virgem
- pimenta-do-reino moída na hora

Para decorar:

- 2 folhas de alface lisa
- 2 folhas de endívia
- 2 tomates-cereja
- 2 folhas de alface roxa
- 4 colheres de chá de azeite
- sal
- 4 rodelas finas de limão

Corte o filé de salmão em fatias finas, depois em tiras e, por fim, em cubos pequenos de aproximadamente 0,5 cm. Pique as alcaparras, o endro e a cebolinha juntos, até quase obter uma pasta. Adicione o salmão e continue picando junto, até que tudo fique bem integrado. Tempere com a mostarda, o suco de limão, o azeite e a pimenta. Termine de misturar para obter uma pasta espessa.

Monte os 4 pratos colocando na base uma salada das folhas verdes rasgadas e os tomates-cereja cortados em quartos. Prepare o tartar com o formato das clássicas *quenelles*, usando duas colheres: sustente uma colher em cada mão, pegue uma colherada da pasta de tartar e passe o conteúdo completo para a outra colher. Devolva o tartar à primeira colher, dando-lhe uma forma ovalada, e repita o procedimento várias vezes (*ver fotos*). Sirva cada prato com 2 *quenelles* sobre as folhas verdes. Tempere as *quenelles* com um pouco de azeite e sal e decore cada prato com uma rodela de limão.

Esta é uma das mais saborosas receitas asiáticas com peixe. A combinação de sabores, aromas, texturas e valor nutritivo é simplesmente perfeita. Além disso, é incrivelmente rápida e fácil de ser preparada.

Peixe crocante
no molho agridoce Yulin

RENDE PARA 3-4 PESSOAS

Para o molho agridoce Yulin:

- 2 colheres de sopa de shoyu
- 3 colheres de sopa de vinagre de maçã
- ½ colher de chá de molho de ostras
- ½ colher de chá de óleo de gergelim
- 1 ½ colher de sopa de açúcar
- 2 colheres de sopa de echalotas picadas em *brunoise* (*ver p. 39*)
- 3 colheres de sopa de cebolinha--francesa picada em *brunoise*
- 2 colheres de sopa de pimentão vermelho picado em *brunoise*
- 1 colher de sopa de capim-cidreira picado em *brunoise*

- 1 litro de óleo de milho (ou outro óleo para fritar)
- 70 g de farinha de trigo
- 400 g de filés de pargo (3-4 filés) limpos, secos e com pele

Prepare o molho Yulin, misturando em uma vasilha o shoyu, o vinagre, o molho de ostras, o óleo de gergelim e o açúcar. Depois que tudo estiver bem dissolvido, adicione os vegetais. Deixe marinar enquanto prepara o peixe, que é justamente o tempo necessário.

Aqueça o óleo em uma frigideira funda, não muito grande (para que os filés possam ficar submersos). Coloque a farinha em um prato raso e empane os filés. Frite-os imediatamente, em porções, sem sobrepor um ao outro. Eles devem ser fritos com a pele voltada para baixo, e não é preciso virá-los: use uma colher grande para regá-los com o óleo quente enquanto fritam. Desse modo, ficarão completamente dourados sem se quebrar. Retire com cuidado e deixe escorrer sobre papel-toalha. Sirva imediatamente, coberto com o molho Yulin.

Esta receita, típica de Navarra, é uma verdadeira homenagem à qualidade dos ingredientes: peixe fresco, um bom presunto cru e pimentões frescos.

Pelo que me lembro, era a primeira coisa que comíamos quando eu e meus amigos cozinheiros chegávamos em Pamplona para as Festas de São Firmino.

Truta à la Navarra

RENDE PARA 2 PESSOAS

- 2 trutas frescas limpas, sem vísceras nem espinhas (cerca de 350 g cada uma)
- 100 g de presunto cru, tipo serrano, em fatias finas
- 2 colheres de sopa de azeite
- 1 colher de sopa de manteiga
- ¼ xícara de farinha de trigo

Para os pimentões refogados:

- 2 pimentões vermelhos grandes
- ½ xícara de azeite
- 2 dentes de alho picados
- 1 colher de chá de sal

Para preparar as trutas recheadas com presunto, abra cada uma ao meio, em formato borboleta. Rasgue as fatias de presunto com as mãos e distribua as tiras igualmente entre os peixes. Feche as trutas com 2 palitos, prendendo pelas bordas (veja fotos).

Antes de cozinhar, prepare a guarnição de pimentões. Corte os pimentões à juliana no sentido oposto à fibra (em rodelas finas e, depois, cortadas ao meio). Aqueça uma frigideira com o azeite em fogo baixo. Coloque os pimentões com o alho, tempere com o sal e cozinhe sempre em fogo baixo, refogando e movimentando a frigideira sobre o fogo para emulsionar o azeite que, junto com o suco liberado pelos pimentões, formará um molho suave e dourado.

Em outra frigideira grande, aqueça as 2 colheres de sopa de azeite com a manteiga e, enquanto isso, espalhe a farinha em um prato raso e empane bem as trutas dos dois lados. Coloque-as para dourar na frigideira, em fogo alto. Deixe dourar apenas por 2 minutos, para poder virá-las com facilidade (pois ainda estarão cruas) cuidadosamente com uma espátula larga. Complete o cozimento do outro lado, reduzindo para fogo médio e cobrindo a frigideira com papel-alumínio. Cozinhe assim por mais uns 7-8 minutos e sirva acompanhado pelos pimentões.

Capítulo 3

Camarões, lulas
e outros frutos do mar

Esta receita, cuja técnica consiste em um cozimento muito rápido em fogo bem forte, em wok ou frigideira, pode ser base para variações criativas com outros frutos do mar (polvo ou lulas, por exemplo) e vegetais. O molho toban dyjan confere ao prato um sabor muito característico.

Camarões
com molho de pimenta chili

RENDE PARA 2 PESSOAS

- 20 camarões limpos com rabo
- 3 pés pequenos de chingensai (acelga japonesa)
- 3 colheres de sopa de óleo de girassol
- 1 dente de alho picado
- 2 colheres de chá de gengibre fresco ralado
- 2 colheres de sopa de toban djan (pasta chinesa de pimenta e feijões)*
- 1 xícara de fumê ou caldo de peixe (*ver p. 150*)
- 2 colheres de sopa de saquê (vinho de arroz)
- ½ colher de chá de vinagre
- 2 colheres de chá de açúcar
- 2 colheres de sopa de extrato de tomate
- sal
- 1 colher de sopa de amido de milho dissolvido em 1 colher de sopa de água fria
- 1 talo de cebolinha cortada em rodelas na diagonal

* Pode ser substituída por missô diluído em água em partes iguais, misturado com 1 colher de chá de pimenta ají ou chile picante moída.

Limpe e corte os camarões em borboleta (*ver técnica nas pp. 20-21*). Lave e corte os chingensai, separando os talos das folhas e, depois, fatie em tiras na diagonal.

Aqueça duas frigideiras ou woks em fogo alto: uma com 2 colheres de sopa de óleo (para os camarões) e outra com o restante do óleo (para os vegetais). Na panela dos camarões, coloque primeiro o alho, o gengibre e a toban djan, fritando somente por 1 minuto para não queimar. Adicione os camarões, refogue por mais 1 minuto e acrescente o caldo, o saquê, o vinagre, o açúcar, o extrato de tomate e o sal. Enquanto isso, na outra frigideira, refogue primeiro os talos de chingensai por 1 minuto, depois adicione as folhas e refogue tudo, sem acrescentar sal. Junte aos camarões o amido de milho dissolvido, para encorpar o molho, e por último a cebolinha. Distribua o chingensai refogado nos pratos, coloque os camarões por cima e sirva imediatamente.

Este é um prato clássico de bistrô francês, mas que pertence à toda costa marítima do planeta. Sugiro estas batatas fritas na versão rústica como acompanhamento. Também pode ser preparado com mariscos bem frescos.

Mexilhões à marinheira com batatas rústicas

RENDE PARA 4 PESSOAS

- ¼ xícara de azeite
- 3 dentes de alho picados
- ½ cebola picada
- 1,5 kg de mexilhões frescos nas conchas bem limpos, com as barbas removidas
- ½ xícara de vinho branco
- 2 colheres de sopa de salsinha picada

- 4 batatas assadas com casca*
- 500 ml de óleo para fritar
- sal marinho

* Leve ao forno a 200°C, cobertas com papel-alumínio, por 40 minutos.

Primeiro, prepare as batatas. Depois de assar, corte-as em fatias grossas, sem descascar. Aqueça o óleo em uma frigideira e frite as batatas em pequenas porções, escorra em papel-toalha e tempere com sal marinho.

Enquanto frita as batatas, aqueça o azeite em uma panela grande e adicione o alho picado. Assim que o alho vier à superfície, junte a cebola picada e refogue por 1 minuto. Acrescente todos os mexilhões de uma só vez e o vinho branco. Tampe a panela e cozinhe por 3 minutos. Destampe, mexa um pouco para que o cozimento seja uniforme, volte a tampar e agite um pouco a panela, segurando pelo cabo. Cozinhe por mais 6-8 minutos, até que os mexilhões estejam abertos. Adicione a salsinha picada, agite um pouco mais e sirva imediatamente com as batatas fritas.

Nota: para conservar os mexilhões frescos (no máximo um dia), mantenha-os na geladeira (sem congelar), em um saco plástico hermético, sem água.

Este prato típico do sudeste asiático é ideal para servir acompanhado de outros petiscos, sendo compartilhado por todos, como é o costume na região.

Bolinhos de camarão
com molho de soja

RENDE 18 BOLINHOS

- 400 g de camarões médios limpos, com o rabo (*ver técnica nas pp. 20-21*)
- 80 g de vagens frescas
- 1 colher de sopa de talos de coentro fresco (sem as folhas)
- 1 colher de chá (1 dente) de alho picado
- 2 colheres de sopa de molho de peixe nam pla*
- 1 litro de óleo para fritar
- folhas de bambu para servir (opcional)

* Pode ser substituído por shoyu.

Pique os camarões bem miúdos. Branqueie as vagens por 1 minuto em água fervente, retire e mergulhe imediatamente em água gelada para interromper o cozimento. Escorra as vagens e corte em rodelas bem finas. Pique bem os talos de coentro e o alho.

Coloque os camarões "pré-picados" sobre uma tábua de corte e continue picando-os muito bem até que se tornem uma pasta homogênea. Transfira essa pasta para um recipiente e misture com os rabos de camarão picados, o coentro, o alho e o molho nam pla. Mexa até obter uma massa fácil de trabalhar.

Unte as palmas das mãos com óleo e pegue pequenas porções da massa para formar bolinhas do tamanho de uma noz. Se necessário, entre uma bolinha e outra, unte as mãos novamente. Coloque as bolinhas já modeladas sobre uma travessa ou tábua de corte. Aqueça o óleo em uma frigideira. Frite as bolinhas por uns 3-4 minutos, até que a carne dos camarões esteja cozida. Sirva sobre as folhas de bambu, acompanhado de shoyu.

Estes raviólis são preparados com discos finos de massa (com 6-7 cm de diâmetro), extremamente maleáveis, que podem ser encontrados já prontos, em lojas de produtos alimentícios orientais.

Chaozú
ou raviólis chineses de camarão

RENDE 36 RAVIÓLIS (4 PESSOAS)

36 discos de massa preparada para raviólis chineses

Para o recheio:

- 160 g de camarões médios limpos
- 160 g de carne de porco com um pouco de gordura picada ou moída
- 100 g de broto de bambu em conserva escorrido e picado em *brunoise* (pode ser substituído por 35 g de cogumelos frescos picados)
- 1 colher de chá de açúcar
- 1 colher de chá de shoyu
- 4 colheres de chá de óleo de gergelim
- 1 colher de sopa de folhas de coentro picadas

Para a montagem:

- 2 colheres de sopa de amido de milho
- 2 colheres de sopa de água fria

Para o molho:

- 6 colheres de sopa de shoyu
- 6 colheres de sopa de vinagre de arroz

Recheio: Pique os camarões até que se tornem uma pasta (como na receita dos bolinhos da p. 85). Em uma vasilha funda, junte a carne de porco, o broto de bambu, o açúcar, o shoyu, o óleo de gergelim e o coentro. Misture tudo muito bem.

Montagem: Em uma vasilha pequena, dilua o amido de milho na água. Essa mistura servirá para unir a borda dos raviólis. Disponha um disco de massa sobre a palma da mão. Utilizando uma colher de chá, coloque uma colherada de recheio no centro, molhe as bordas com a mistura de água e amido e dobre o disco de massa ao meio, fechando-o como se fosse um pastel. Proceda da mesma maneira com todos os discos de massa, até terminar.

Em uma panela grande, coloque água para ferver e cozinhe os raviólis em pequenas porções. Eles estarão prontos quando vierem à superfície. Sirva acompanhado pelo shoyu misturado com o vinagre de arroz.

O segredo desta receita é a textura crocante que reveste os camarões. Para conseguir isso, é preciso empaná-los com panko, uma farinha feita com fatias de pão de fôrma processadas no liquidificador e levadas ao forno para secar.

Camarões crocantes com molho tártaro

RENDE PARA 4-6 PESSOAS
(dependendo se for servido como prato principal ou entrada)

- 1-1,2 kg de camarões limpos (50-60 unidades)
- sal e pimenta
- 1 litro de óleo para fritar
- 1 xícara de farinha de trigo
- 2 xícaras de panko (farinha de rosca grossa para empanar)
- 4 ovos

Para o molho tártaro:

- 4 ½ colheres de sopa de maionese
- 3 colheres de sopa de ovo cozido picado
- 1 ½ colher de sopa de minipepinos em conserva picados
- 1 ½ colher de sopa de cebola picada
- 1 colher de sopa de salsinha picada
- 1 colher de sopa de suco de limão

Limpe os camarões mantendo os rabos (*ver técnica nas pp. 20-21*). Faça 3 ou 4 cortes pequenos no lado da barriga, desde o rabo até a metade do corpo e, em seguida, dobre-os no sentido contrário à sua curvatura natural, para romper o músculo. Dessa forma, eles permanecerão retos durante o cozimento. Tempere com sal e pimenta.

Aqueça o óleo em uma panela. Disponha a farinha de trigo e o panko em dois pratos rasos separados. Bata os ovos em um prato fundo. Comece a empanar os camarões, primeiro na farinha, depois nos ovos (segurando-os pelo rabo, que não deve ser empanado) e finalmente no panko, pressionando suavemente, para que a mistura grude. Frite em pequenas quantidades por vez no óleo bem quente, deixando-os por 1 minuto até que dourem, e depois escorra sobre papel-toalha.

Prepare o molho tártaro misturando todos os ingredientes até ficarem bem integrados e sirva para acompanhar os camarões empanados.

Quando provei pela primeira vez esta combinação tão simples e pura de um fruto do mar frito no azeite com alho, foi como abrir uma porta para toda culinária espanhola do mar, pela qual me apaixonei para sempre.

Camarões ao alho

RENDE PARA 2-3 PESSOAS

- 70 ml de azeite
- 2 colheres de chá de alho picado
- 30 camarões pequenos ou médios limpos (300 g no total) (*ver técnica nas pp. 20-21*)
- 1 colher de sopa de vinho branco
- 1 colher de chá de salsinha picada

Coloque o azeite e o alho juntos em uma frigideira ou panela de barro (a mesma que será levada à mesa). Leve ao fogo baixo e assim que o alho vier à superfície, adicione os camarões e o vinho branco. Cozinhe lentamente por uns 8-10 minutos, virando os camarões. Sirva em seguida, com um pouco de salsinha picada por cima.

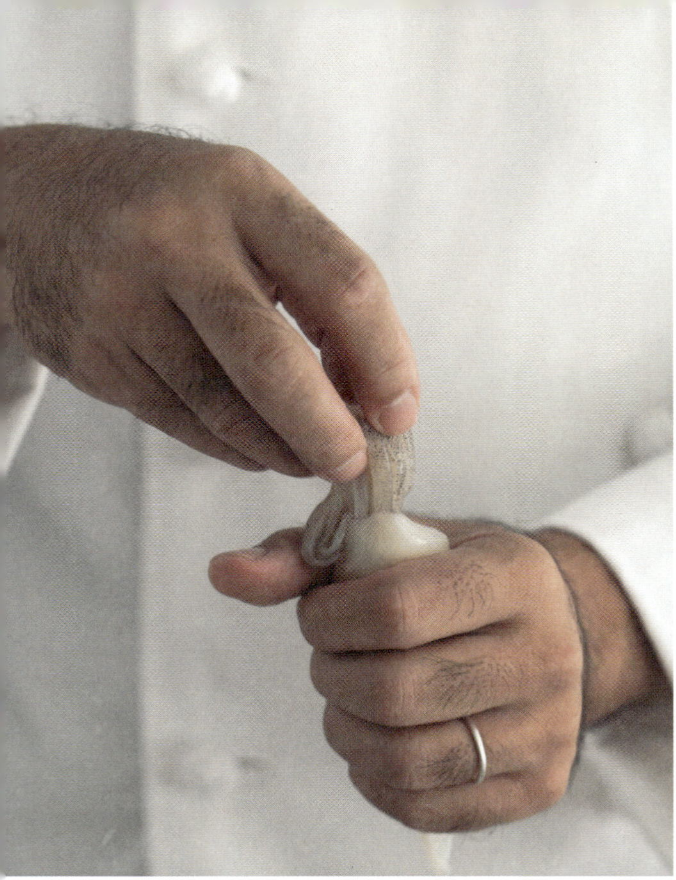

Existem quatro molhos bascos básicos, cada um com sua cor característica: o biscainho, vermelho; o *pil pil*, branco; o molho verde e o molho negro com tinta de lula. Este é uma delícia: gosto de mergulhar as lulas recheadas e refogadas nesse molho.

Lula recheada com molho negro

RENDE PARA 4 PESSOAS

- 1 kg de lulas pesadas antes de serem limpas
- 1 colher de chá de azeite

Para o molho de tinta de lula:

- ¼ xícara de azeite
- 1 dente de alho picado
- 1 ½ cebola picada
- 2 colheres de sopa (1 fatia) de presunto cru tipo serrano picado
- 2 colheres de sopa rasas de farinha de trigo
- 260 g de tomates cortados em pedaços grandes
- 480 ml caldo de peixe (*ver receita na p. 150*)
- 1 colher de sopa de tinta de lula
- sal

Lave bem as lulas em água fria e descarte somente as cabeças com os olhos e os intestinos, que estão em seu interior. Separe de cada lula as guelras, os tentáculos e a boca (com um tipo de bico) e use como recheio, inserindo-os em cada corpo. "Costure" as extremidades com um palito para fechar a abertura (*ver fotos*).

Em uma frigideira, aqueça o azeite com o alho. Quando o alho começar a "pular", adicione a cebola e o presunto. Frite no fogo baixo, para não caramelizar. Adicione a farinha, aumente para fogo médio, misture bem e acrescente o tomate picado e o caldo. Quando ferver, abaixe o fogo novamente e cozinhe por uns 20 minutos, retirando a espuma que se formar no centro com a ajuda de uma escumadeira. Adicione a tinta de lula e acerte o sal. Cozinhe por mais alguns minutos e retire do fogo. Bata o molho com um mixer e passe por uma peneira (de malha fina) para obter um molho bem liso. Mantenha o molho aquecido em uma panela pequena.

Aqueça uma chapa, adicione 1 colher de chá de azeite e doure as lulas recheadas em fogo bem forte durante 2-3 minutos. Com a ajuda de uma pinça, vire-as para dourar do outro lado por mais 1 minuto. Sirva com o molho de tinta de lula.

Doria ou risoto gratinado
de camarões

RENDE PARA 4-6 PESSOAS

Para o arroz:

- 2 colheres de sopa de manteiga
- 4 colheres de sopa de cebola picada
- 1 ½ xícara de arroz para risoto
- 2 xícaras de caldo de peixe quente (*ver p. 150*)

Para o molho béchamel:

- 2 colheres de sopa de manteiga
- 6 colheres de sopa de cebola picada
- 2 colheres de sopa de farinha de trigo
- 330 ml de leite
- 110 ml de creme de leite

Para os camarões:

- 2 colheres de sopa de manteiga
- 1 cebola bem picada
- 350 g de camarões médios com rabo ou camarões pequenos limpos
- 150 g de broto de bambu em conserva escorrido, cortado em rodelas finas e, depois, em quartos (opcional)
- 1 colher de sopa de rum ou conhaque

Para o gratinado:

- 6 colheres de sopa de parmesão ralado
- 6 colheres de sopa de panko (*ver p. 89*)
- 1 colher de sopa de salsinha picada

Para o arroz, em uma panela com tampa, derreta a manteiga em fogo médio e refogue a cebola picada até que esteja transparente. Junte o arroz e refogue por mais 1 minuto. Adicione o caldo quente e espere levantar fervura. Tampe, reduza para fogo baixo e cozinhe por 12 minutos. Retire do fogo e reserve por 15 minutos com a panela tampada.

Em outra panela, prepare o molho béchamel: derreta a manteiga em fogo médio e refogue a cebola picada até ficar transparente. Adicione a farinha de trigo e cozinhe por 2-3 minutos. Aqueça o leite com o creme de leite e despeje na panela em três etapas, mexendo vigorosamente para que não forme grumos. Continue cozinhando por mais 3-4 minutos, sem parar de mexer.

Por último, prepare os camarões. Em uma frigideira, derreta a manteiga, refogue a cebola picada até que esteja transparente e junte os camarões, refogando-os em fogo alto por 2-3 minutos. Adicione o bambu e o rum.

Em um recipiente fundo, misture o arroz, o molho béchamel e os camarões, e transfira para uma travessa refratária. Cubra com o queijo parmesão ralado misturado com o panko e gratine a 250°C com o forno ligado no modo "gratinar" (com a grelha por cima) até ficar dourado (aproximadamente 5 minutos). Retire e salpique a salsinha picada por cima antes de servir.

Esta receita é composta por várias etapas simples e, embora exija algum tempo de preparo, o resultado é tão bom que vale a pena.

Croquete de camarão
com molho de tomate

RENDE 12 CROQUETES (4 PESSOAS)

Para o molho béchamel:

- 220 ml de leite
- 2 colheres de sopa de manteiga
- ½ cebola picada
- 4 ½ colheres de sopa de farinha de trigo
- sal e pimenta-do-reino

Para os croquetes:

- 1 colher de sopa de manteiga
- 1 cebola picada
- 100 g de cogumelos cortados em fatias finas
- 200 g de camarões médios inteiros lavados
- 1 colher de sopa de rum
- sal
- ½ xícara de farinha de trigo
- ½ xícara de *panko* (*ver p. 89*)
- 2 ovos
- 1 litro de óleo de girassol ou milho para fritar

- 1 xícara de molho de tomate (*ver receita na p. 151*)

Molho béchamel: Aqueça o leite. Em uma panela pequena, derreta a manteiga em fogo médio e refogue a cebola por 3 minutos, até ficar transparente. Adicione a farinha, reduza o fogo e cozinhe por mais 3 minutos, mexendo sempre. Adicione o leite quente em três etapas, batendo vigorosamente para obter um creme liso e espesso (os grumos aparentes serão da cebola) até levantar fervura. Tempere com sal e pimenta e reserve.

Croquetes: Derreta a manteiga e refogue a cebola até ficar transparente. Adicione os cogumelos e, quando começarem a dourar, adicione os camarões e o rum, temperando com sal. Cozinhe por mais 2 minutos e despeje o molho béchamel, misturando sempre. Transfira a mistura para uma travessa, cubra com filme plástico, deixar esfriar em temperatura ambiente e então leve à geladeira por, no mínimo, 1 hora. Enquanto isso, prepare o molho de tomate.

Montagem: Coloque a farinha e o *panko* em dois pratos rasos separados. Bata os ovos em um prato fundo. Retire da geladeira a pasta de camarões com cogumelos. Separe em 8 porções e modele os croquetes (veja fotos). Empane cada croquete primeiro na farinha, depois nos ovos e, por último, no *panko*. Termine de moldá-los pressionando o empanado para que fique bem aderido (se o processo demorar, leve a massa de croquetes de volta à geladeira).

Aqueça o óleo em uma panela funda e, quando estiver bem quente (teste a temperatura jogando um pedacinho de *panko* no óleo; se subir imediatamente à superfície, já está bom), frite os croquetes por 1 minuto, até que dourem. Retire do óleo e escorra em papel-toalha. Sirva acompanhado do molho de tomate.

Namuru
de brotos de soja e wakame marinados

RENDE PARA 4 PESSOAS

- 200 g de brotos de soja
- 10 g de alga *wakame** seca (depois de reidratada, rende 120 g)
- 1 colher de sopa de gergelim torrado
- 1 colher de sopa de óleo de gergelim
- sal

* É possível encontrar em lojas de produtos alimentícios asiáticos.

Branqueie os brotos de soja durante 30 segundos em água fervente com sal, escorra e coloque em uma vasilha com água fria para interromper o cozimento. Escorra novamente e reserve. Mergulhe a alga *wakame* em água fria e deixe por uns 15 minutos para reidratar e recuperar seu volume. Escorra bem a alga com as mãos e corte em pedaços de aproximadamente 2 cm.

Triture um pouco o gergelim em um pilão para que liberem seu aroma.

Misture em uma travessa os brotos de soja e a alga *wakame* com o gergelim e tempere tudo com óleo de gergelim e sal. Leve a mistura à geladeira por uns 30 minutos antes de servir, como guarnição ou acompanhamento.

Polvo ao vinagrete

RENDE PARA 4 PESSOAS

- 4 tentáculos (de 1 polvo inteiro)
- 6 colheres de sopa de vinagre de arroz
- 4 colheres de sopa de shoyu
- 4 colheres de sopa de caldo japonês de algas (*ver receita na p. 150*)
- 2 pepinos japoneses (aproximadamente 350 g)
- ½ colher de chá de sal

Aqueça uma panela grande com 2 litros de água e 1 colher de sopa de sal até levantar fervura. Adicione o polvo inteiro e cozinhe por 10 minutos, no máximo. Retire da panela e interrompa o cozimento mergulhando-o em água fria. Corte os 4 tentáculos em pedaços de 2 cm x 2 cm, aproximadamente.

Em uma vasilha funda, misture o vinagre, o shoyu e o caldo e deixe marinar os pedaços de polvo nessa mistura durante 1 hora.

Corte os pepinos não descascados em fatias bem finas (com uma mandolina ou uma faca bem afiada), tempere com sal e mexa bem. Finalmente, coloque os pepinos fatiados e o polvo em uma travessa junto com a marinada e sirva.

A cozinha italiana também chegou ao Japão após a Segunda Guerra Mundial. Ela teve um sucesso imediato, especialmente com receitas como esta, com ingredientes do mar.

Espaguete ao vôngole e vinho branco

RENDE PARA 4 PESSOAS

- 1,2 kg (cerca de 40 unidades) de vôngoles nas conchas
- 4 litros de água
- 4 colheres de sopa rasas de sal
- 120 ml de azeite
- 1 pimenta chili seca
- 2 dentes de alho picados
- 1 xícara de vinho branco seco
- 440 g de espaguete de sêmola de grão duro
- 2 colheres de sopa de salsinha picada
- sal

Duas horas antes de cozinhar, coloque os vôngoles submersos em 2 litros de água fria (mas não gelada) com ⅓ xícara de sal, fora da geladeira, para que soltem a areia. Esfregue-os levemente uns contra os outros para eliminar quaisquer resíduos que tenham ficado nas conchas.

Aqueça uma panela grande com a água e o sal em fogo alto até levantar fervura. Em outra panela grande, aqueça o azeite, a pimenta e o alho picado. Quando o alho vier à superfície, adicione os vôngoles e o vinho branco e tampe. Em seguida, coloque o espaguete na panela com água fervente.

É importante ficar atento ao tempo de cozimento da massa, indicado na embalagem. A massa deverá cozinhar por ⅔ do tempo indicado na embalagem, pois terminará o cozimento junto com os vôngoles (por exemplo, se o tempo de cozimento indicado for 12 minutos, cozinhe o espaguete por 8 minutos e o restante do tempo no molho de vôngoles).

Finalizado o primeiro tempo de cozimento na água, escorra o espaguete e adicione à panela com os vôngoles. Termine de cozinhar até que a massa esteja *al dente*, tempere com sal e salsinha picada, misture bem e sirva.

Tortilha chinesa
de caranguejo

RENDE PARA 2 PESSOAS

- 3 ovos
- 150 g de carne de caranguejo desfiada
- 1 colher de sopa de cebolinha picada
- ½ xícara de talos e folhas de nirá* (cebolinha chinesa, erva comprida e fina, de aroma parecido com o do alho), descartando a base terrosa
- 50 g de bambu em conserva, escorrido, cortado em rodelas e, depois, em tirinhas
- sal e pimenta-do-reino branca moída
- 2 colheres de sopa de óleo de girassol

* Pode ser substituído por folhas de rúcula e 1 dente de alho.

Para o molho:

- 120 ml de fumê ou caldo de peixe (*ver receita na p. 150*)
- ½ colher de sopa de shoyu
- ½ colher de sopa de açúcar
- ½ colher de sopa de suco de gengibre (ralado e espremido)
- 1 colher de chá de vinagre de arroz
- 1 colher de chá de óleo de gergelim
- 1 ½ colher de chá de amido de milho dissolvido em 1 ½ colher de chá de água

Em uma vasilha funda, bata ligeiramente os ovos e adicione o caranguejo desfiado, a cebolinha, o nirá previamente cortado em pedaços de aproximadamente 1 cm e o bambu. Tempere com sal e pimenta. Aqueça uma frigideira pequena com a metade do óleo de girassol, em fogo alto. Despeje a mistura de ovos de uma só vez e controle o cozimento, empurrando a mistura suavemente com uma colher de pau ou espátula, das bordas em direção ao centro. Enquanto cozinha, movimente a frigideira sobre o fogo para garantir que a tortilha se desprenda do fundo. Regue com o restante do óleo ao redor da borda e continue movimentando a frigideira para desprender bem a tortilha. Com a ajuda de uma tampa de panela ou uma fôrma rasa, vire a tortilha com um único movimento rápido e firme. Deslize-a suavemente sobre a frigideira vazia para terminar o cozimento do outro lado, por mais uns 2-3 minutos.

Prepare o molho em uma panela pequena, misturando todos os ingredientes, com exceção do amido. Após levantar fervura, adicione o amido diluído, mexendo suavemente até encorpar. Despeje o molho sobre a tortilha e sirva imediatamente.

Diferentemente das tortilhas espanholas, as asiáticas são servidas com um molho por cima. Esta receita, em particular, é preparada com caranguejo, à moda chinesa. Os japoneses a adotaram, mas a servem em uma tigela funda, sobre arroz branco.

Uma base de vegetais frescos e um suculento ensopado de caranguejo por cima é uma combinação perfeita, equilibrada e sutil, de sabores e texturas. Além disso, é um prato leve e de baixa caloria, algo sempre bom para desfrutar.

Caranguejo com molho sobre brócolis

RENDE PARA 2 PESSOAS

· 200 g de brócolis frescos em floretes

Para o molho de caranguejo:

· 220 ml de fumê ou caldo de peixe (*ver receita na p. 150*)

· 1 colher de sopa de molho de ostras

· 3 colheres de sopa de saquê

· 1 colher de chá de shoyu

· 1 colher de chá de gengibre ralado

· ¼ colher de chá de açúcar

· 150 g de carne de caranguejo desfiada

· sal e pimenta-do-reino branca moída

· 2 colheres de chá de amido de milho dissolvido em 2 colheres de chá de água

· 1 colher de sopa de cebolinha cortada fina (1 talo, somente a parte branca)

Em uma panela grande com água fervente, branqueie os brócolis por 1 minuto. Mantenha os floretes aquecidos enquanto prepara o molho.

Em uma frigideira grande, junte o caldo, o molho de ostras, o saquê, o shoyu, o gengibre e o açúcar e misture bem em fogo médio. Adicione o caranguejo desfiado e tempere com sal e pimenta. Acrescente o amido dissolvido e, quando levantar fervura, incorpore a cebolinha e misture bem.

Coloque os brócolis em uma travessa, cubra com o molho de caranguejo e sirva.

O charme deste prato simples é o corte quadriculado feito na superfície da lula que, ao ser refogada, se encurva e se abre como escamas de uma "pele de dragão", dando-lhe uma aparência muito bonita e original. A outra vantagem é o pouco tempo que se leva para prepará-lo.

Lulas
"pele de dragão" com soja e curry

RENDE PARA 3-4 PESSOAS

- 2 corpos de lula grandes (500 g)
- 1 ½ colher de sopa de manteiga
- 1 cebola média cortada em tirinhas
- 100 g de talos e folhas de *kairan** (couve chinesa), cortados em pedaços de aproximadamente 2 cm
- ½ colher de sopa de curry em pó
- 2 colheres de sopa de shoyu

* Este vegetal chinês típico pode ser substituído por brócolis ou pontas de aspargos, previamente branqueados por 1 minuto em água fervente.

Primeiro, prepare as lulas marcando nelas a "pele do dragão". O resultado não será apenas decorativo, mas permitirá absorver muito mais o molho e os sabores.

Limpe bem as lulas e insira uma faca afiada para abri-las em duas partes iguais. Elimine toda a membrana interior. Apoie uma das partes sobre uma tábua limpa e seca e faça cortes compridos em diagonais paralelas, a 0,5 cm de distância um do outro, com uns 2-3 mm de profundidade. Quando toda a superfície estiver marcada, vire a lula e faça outra série de cortes similares formando um ângulo com os primeiros, para conseguir um efeito de quadriculado completo (*ver fotos*). Repita o procedimento com as outras 3 metades de lula. Quando todas as partes estiverem marcadas com a "pele do dragão", corte-as em pedaços de aproximadamente 3 cm x 4 cm.

Aqueça uma panela com água em fogo alto e, quando ferver, branqueie as lulas já cortadas por 30 segundos. Escorra e, imediatamente, aqueça a wok em fogo bem forte. Derreta a manteiga e refogue a cebola até ficar transparente. Adicione os talos de *kairan*, refogue por 1 minuto e, depois, junte as folhas. Acrescente as lulas branqueadas, o curry e, por último, o shoyu, sempre em fogo alto, mexendo por mais 1 minuto para uniformizar o cozimento. Sirva imediatamente.

A sopa de missô está sempre presente nas casas japonesas. Ela é servida como acompanhamento em todas as refeições e permite incorporar diversos ingredientes, dependendo da estação do ano. Neste caso, a preparamos com vôngoles, a versão favorita da minha família.

Sopa de missô com vôngoles

RENDE PARA 4 PESSOAS

- 5 xícaras de caldo japonês de algas (*ver receita na p. 150*)
- 600 g de vôngoles
- 2 litros de água fria
- 70 g de sal

- 80 g de sopa de missô branco*
- 4 colheres de chá de cebolinha picada

* Pasta de soja fermentada. O missô branco é mais comum e suave, diferente do missô vermelho, mais escuro e forte.

Duas horas antes de cozinhar, limpe os vôngoles (*ver p. 103*).

Despeje o caldo em uma panela grande e, antes de levá-la ao fogo, coloque os vôngoles escorridos. Tampe a panela e leve ao fogo forte até levantar fervura. Os vôngoles estarão prontos em 1-2 minutos, quando se abrirem (se formar espuma, retire com uma escumadeira).

Desligue o fogo, retire um pouco de caldo com uma concha e despeje em uma xícara para dissolver o missô. Retorne o missô dissolvido à sopa e misture tudo muito bem.* Sirva o caldo em 4 pratos fundos, colocando 5 vôngoles em cada um. Decore com 1 colher de chá de cebolinha picada sobre cada prato.

* Depois que o missô foi dissolvido, o caldo não deve ferver novamente, pois isso altera o seu sabor.

É comum servir ostras cruas, somente com suco de limão. Aqui, temos uma opção com ostras cozidas, em um prato delicioso que agrada a todos.

Ostras e espinafre ao creme

RENDE PARA 2 PESSOAS

- 1 ½ colher de sopa de azeite
- ½ colher de sopa de manteiga
- 1 dente de alho picado
- 1 colher de sopa de cebola picada
- 1 colher de chá de farinha de trigo
- 200 g de ostras limpas*
- 100 g de filé de peixe branco (linguado, mero, corvina etc.) cortado em cubos de 2 cm x 2 cm
- 2 colheres de sopa de vinho branco
- 60 ml de creme de leite
- sal e pimenta-do-reino
- 100 g de folhas de espinafre fresco com os talos, cortado em tirinhas
- 2 colheres de sopa de queijo parmesão ralado

* Se forem compradas dentro da concha, para serem abertas com uma faca especial, calcule 3 kg de ostras.

Em uma panela média, aqueça 1 colher de sopa de azeite com a manteiga e o alho picado. Quando o alho vier à superfície, adicione a cebola e refogue por uns minutos até ficar transparente. Coloque a farinha e misture bem. Junte as ostras, o peixe e o vinho branco. Cozinhe por mais 1 minuto, acrescente o creme de leite e tempere com sal e pimenta-do-reino. Enquanto termina de cozinhar por mais 1-2 minutos, aqueça uma frigideira com o restante do azeite e refogue o espinafre previamente cortado em tirinhas, junto com os talos. Incorpore o espinafre à panela com as ostras, misture tudo muito bem e transfira todo o conteúdo para uma travessa refratária. Espalhe por cima o queijo parmesão ralado e leve ao forno em temperatura alta para gratinar por uns 6-8 minutos, até que a superfície esteja dourada. Sirva imediatamente.

Capítulo 4

Grandes pratos de peixes e frutos do mar

Escolhi para este livro uma receita de *paella* de minha autoria com poucos ingredientes, mas com tudo o que é necessário, e à qual adiciono tinta de lula, para dar um toque especial e agradar aos olhos e ao paladar. É importante ter tudo preparado antes de começar o cozimento, que é muito rápido e preciso.

Paella de frutos do mar
com tinta de lula

RENDE PARA 4 PESSOAS

- 12 camarões inteiros crus
- 200 g de lula
- 12 lulas pequenas
- 200 g de filés de peixe branco (como o pargo) com pele
- 4 colheres de sopa de azeite
- 2 dentes de alho
- 1 cebola média picada
- 50 g de pimentão vermelho picado fino
- 50 g de pimentão verde picado fino
- 2 xícaras de arroz para *paella* ou arroz tipo 1
- 1 colher de chá de tinta de lula
- ⅓ xícara de vinho branco
- 1 xícara de tomates picados com seu suco
- 2 xícaras de fumê ou caldo de peixe (*ver receita na p. 150*)
- sal
- 2 colheres de sopa de salsinha picada

Prepare todos os ingredientes para que estejam prontos antes de começar: descasque os camarões retirando somente a casca e deixando o rabo e a cabeça. Descarte as vísceras. Corte a lula em anéis finos. Limpe as lulas pequenas descartando a cabeça e esvaziando o interior do corpo. Corte o peixe em pedaços de aproximadamente 2 cm x 3 cm.

Escolha uma frigideira de uns 35-40 cm de diâmetro aproximadamente (deve ser um pouco profunda). Coloque 1 colher de sopa de azeite, aqueça em fogo médio e refogue os camarões até que mudem de cor; retire da frigideira e reserve. Adicione outra colherada de azeite e refogue os anéis de lula; retire da frigideira e reserve. Acrescente outra colherada de azeite e refogue as lulas inteiras; retire da frigideira e reserve. Não refogue o peixe. Com a última colher de sopa de azeite, refogue o alho, a cebola e os pimentões picados, mexendo suavemente por alguns minutos até que a cebola fique transparente.

Coloque o arroz e mexa por 1 minuto para revestir os grãos. Retorne os camarões, os anéis e as lulas à frigideira. Misture tudo, mexendo suavemente. Dilua a tinta de lula no vinho e despeje na frigideira. Por último, adicione os tomates picados com seu suco e o caldo de peixe. Ajeite um pouco os ingredientes, tomando cuidado para que todos os grãos de arroz fiquem submersos no caldo. Distribua por cima os pedaços de peixe e tempere com sal (um pouco mais do que o habitual para, depois, atingir o ponto certo de tempero). Espere levantar fervura e cubra a frigideira com papel-alumínio (2 folhas sobrepostas, se necessário). Reduza para fogo baixo e cozinhe por 17 minutos, tampada. Apague o fogo e reserve por mais 5 minutos. Retire o papel-alumínio, decore com salsinha picada e sirva.

Este é o prato com o qual presto minhas homenagens a todos os meus amigos cozinheiros do País Basco, que costumavam discutir acaloradamente os detalhes da receita perfeita do "peixe ao molho verde" e, no fim, cada um continuava com sua própria opinião. Esta versão aproveita o que há de melhor em todas essas receitas.

Pargo ao molho verde
de San Sebastián

RENDE PARA 4 PESSOAS

· 800 g de filés de peixe branco (4 filés de pargo, por exemplo) com pele

· 4 colheres de sopa de azeite

· 1 cebola média picada

· 2 dentes de alho

· 1 xícara de farinha de trigo

· ½ xícara de vinho branco

· ½ xícara de fumê ou caldo de peixe (*ver receita na p. 150*)

· 8 vôngoles frescos

· 60 g de ervilhas ou favas frescas ou congeladas

· 2 ovos cozidos descascados e cortados ao meio

· 4 aspargos brancos aparados cozidos (ou em conserva escorridos)

· sal

· 2 colheres de sopa de salsinha picada

Sobre cada filé de peixe, no lado da pele, faça um corte em forma de cruz e tempere com sal. Aqueça o azeite em uma frigideira grande e refogue a cebola e o alho, em fogo médio, até que a cebola fique transparente. Empane os filés com a farinha e coloque-os na frigideira com o lado da pele para baixo. Deixe por 1 minuto no máximo e vire, pois o restante do cozimento será feito por esse lado. Adicione o vinho branco e movimente a frigideira sobre o fogo para que o refogado se emulsione, enquanto o vinho evapora. Despeje o caldo de peixe e espere levantar fervura para adicionar os vôngoles. Se as ervilhas forem frescas, coloque-as neste momento. Tampe a frigideira e cozinhe por uns 6 minutos até que os vôngoles se abram. Destampe, coloque as metades de ovos cozidos e os aspargos sobre o conteúdo da frigideira (e as ervilhas, se forem congeladas) e cozinhe tudo por mais uns 2 minutos até que fique bem quente. Por último, acerte o sal, acrescente a salsinha picada, misture bem e cozinhe por mais 1 minuto. Distribua nos pratos os filés de peixe, os ovos cozidos, as ervilhas e os aspargos.

Termine de emulsionar o molho que ficou na frigideira, movimentando-a sobre o fogo, e despeje um pouco desse molho em cada prato. Sirva imediatamente.

Minha receita de tempurá é feita minuciosamente, respeitando o tempo, a textura e a forma de cada ingrediente. É um prato simples, mas, para que fique realmente bom (cada pedaço macio por dentro e bem crocante por fora), deve ser preparado com o cuidado que explico aqui.

Tempurá

RENDE PARA 4 PESSOAS

· 10 camarões frescos

· 220 g lula aproximadamente

· 2 filés de pargo (cerca de 240 g) limpos, sem pele

· 1 batata-doce

· ½ pimentão verde

· 2 ramos de salsinha de folha lisa

· 1 litro de óleo para fritar

Para empanar:

· 1 ovo

· 120 ml de água + 2 cubos de gelo

· 1 ½ xícara de farinha de trigo

Para o molho:

· 240 ml de caldo japonês de algas (*ver receita na p. 150*)

· 60 ml de shoyu

· 60 ml de mirin (saquê para uso culinário)

· 30 g de sopa de açúcar

· ¼ colher de chá de gengibre ralado

· ¼ colher de chá de sanshou (pimenta japonesa)

· 30 g de sopa de nabo ralado

Descasque os camarões (retirando somente a casca, mantendo o rabo e a cabeça). Faça 3-4 cortes sobre o dorso dos camarões para que fiquem retos e não se curvem no cozimento.

Corte o corpo da lula pela parte interna, abrindo-o em duas partes iguais. Sobre cada superfície externa e interna dos pedaços de lula, faça cortes diagonais formando um quadriculado, para romper a fibra, evitando que se contraiam ao serem fritos. Depois, corte em pedaços de 4 cm x 4 cm. Corte os filés limpos e secos em pedaços.

Corte a batata-doce, com a casca, em rodelas de 0,5 cm e mantenha em água fria até empanar e fritar. Corte o pimentão, retire as sementes e a membrana branca, e fatie em tiras de 2 cm de largura.

Prepare o molho, colocando todos os ingredientes (exceto o nabo ralado) em uma panela pequena, que será levada ao fogo enquanto os vegetais são fritos, para que tudo fique pronto junto.

Aqueça o óleo em uma frigideira, em fogo alto. Enquanto isso, prepare o empanado: bata ligeiramente o ovo com um fuê (não é preciso formar espuma); adicione a água fria, o gelo e 1 xícara de farinha, e mexa. A mistura deve manter alguns grumos de farinha.

Coloque o restante da farinha em um prato raso. Empane cada um dos ingredientes primeiro na farinha e depois na mistura de ovo; em seguida, frite-os no óleo quente. É preciso seguir a ordem de cozimento, começando pelas fatias de batata-doce (que levam mais tempo até ficarem douradas dos dois lados), depois o pimentão, o peixe, as lulas e, por último, os camarões. É uma fritura rápida.

Coloque os empanados em uma travessa e sirva acompanhados pelo molho e um pouco de nabo ralado em separado, para que cada um adicione a quantidade que desejar.

Churrasco do mar

Meu amigo Fernando Trocca me proporcionou a oportunidade de conhecer esta terra formosa, a Argentina. Serei eternamente grato a ele por seu apoio, seus conselhos e seu entusiasmo. E para homenageá-lo, durante a produção deste livro eu o convidei para compartilharmos um "churrasco do mar". Assamos corvina, salmão e lulas e degustamos uma comida deliciosa, brindando com um bom vinho os sucessos alcançados e futuros. As receitas que fizemos estão à disposição, para que todos possam recriá-las em suas próprias comemorações.

Corvina na brasa

RENDE PARA 2 PESSOAS

- 1 corvina de 1,2 kg aproximadamente, descamada, sem vísceras e bem limpa (*ver p. 14*)
- sal
- azeite

Para o molho:

- ½ xícara de suco de limão
- ½ xícara de vinagre de maçã
- 1 xícara de azeite
- 1 xícara de fumê ou caldo de peixe (*ver receita na p. 150*)
- 2 dentes de alho picados

Tempere a corvina com sal e reserve por 10 minutos para que ele seja absorvido através da pele (depois de assada, estará muito saborosa e crocante). Pincele os dois lados do peixe com azeite.

Prepare a churrasqueira com uma boa quantidade de carvões em brasa para obter um fogo forte e posicione a grelha bem alta (uns 20 cm).

Coloque a corvina diretamente sobre a grelha, deixando um espaço livre por trás (para poder virar quando for inverter a posição do peixe) e asse sem mexer por 20 minutos. Vire o peixe para trás com a ajuda de duas espátulas largas e asse por mais 15 minutos. Junte os ingredientes do molho e misture bem. Regue o peixe, espere 2 minutos e torne a virá-lo (desta vez, trazendo-o para a frente), regue com mais molho e sirva.

Salmão na brasa

RENDE PARA 12 PESSOAS

- 1 salmão inteiro, sem cabeça (aproximadamente 3 kg) limpo, sem escamas
- ½ xícara de sal refinado
- ½ xícara de azeite

Salgue toda a superfície do peixe, inclusive seu interior. Reserve por 30 minutos para que o sal seja absorvido.

Pincele o salmão com azeite e coloque-o na grelha própria para peixes da churrasqueira, tomando cuidado para que o rabo fique virado para o cabo. Disponha a grelha sobre a churrasqueira com o cabo para fora, para poder virá-la com facilidade.

Asse em fogo forte, com uma boa quantidade de brasas e mantenha a grelha a uns 12 cm de altura. Asse por 40 minutos do primeiro lado. Vire e asse por mais 30 minutos.

Transfira o peixe para uma travessa limpa. Sirva com a pele, que estará crocante e muito saborosa.

Esta receita foi minha contribuição asiática para o nosso "churrasco do mar". Como aperitivo, enquanto preparávamos nossos grandes peixes na brasa, saboreamos estas deliciosas tirinhas de lula crocantes.

Lulas marinadas na brasa

RENDE PARA 3-4 PESSOAS

- 500 g de lula grandes, aproximadamente
- ½ xícara de saquê
- ½ xícara de shoyu
- 1 colher de chá de gengibre fresco ralado
- 1 dente de alho ralado
- 1 colher de sopa de açúcar
- 2 colheres de sopa de talos de cebolinhas picadas em *brunoise* (*ver p. 29*)
- 1 pimenta ají seca
- ¼ colher de chá de especiarias chinesas (mistura de anis-estrelado, canela, pimenta chinesa, sementes de erva-doce e coentro)

Limpe bem as lulas e insira uma faca afiada para abri-las em duas partes iguais. Retire toda a membrana interior. Apoie uma das partes sobre uma tábua de corte limpa e seca e, com a faca, faça cortes perpendiculares ao comprimento, paralelos e com 1 cm de distância entre si. Os cortes não chegam até as bordas, mas atravessam toda a carne da lula (*ver fotos*).

Misture o restante dos ingredientes em uma travessa funda para obter a marinada. Coloque as lulas e deixe de molho por 1 hora, na geladeira. Em uma churrasqueira com uma boa quantidade de brasas (mas com a grelha posicionada a uma altura suficiente), para obter um fogo bem forte, asse as lulas por 2-3 minutos de cada lado até dourar. Termine de cortar as tiras e sirva como entrada. Sugerimos que este prato seja acompanhado por saquê bem gelado.

Este autêntico cozido mediterrâneo, a *cazuela*, é o prato ideal para degustar uma variedade de frutos do mar frescos que são combinados, mesclando todos os seus aromas e sabores. Gosto de acompanhá-lo com um clássico catalão: o "pão com tomate".

Zarzuela de frutos do mar

RENDE PARA 4 PESSOAS

- 100 g de tentáculos de polvo ou lula
- 8 moluscos navalha com suas conchas*
- 220 g de lula aproximadamente
- 8 camarões frescos
- 80 g de patas de caranguejo
- 240 g de peixe branco limpo com pele (salmonete, trilha ou pargo)
- 220 ml de fumê ou caldo de peixe (*ver receita na p. 150*)
- 300 g de molho de tomate
- sal
- 1 colher de sopa de salsinha picada

* Podem ser substituídos por vôngoles

Para o pão com tomate:

- 1 dente de alho
- 4 fatias de pão caseiro torradas
- 1 tomate cortado ao meio
- 1 colher de sopa de azeite

Limpe os frutos do mar e o peixe. Corte a lula em anéis. Limpe os camarões, retirando somente a casca, deixando o rabo e a cabeça. Descarte as vísceras.

Escolha uma panela grande e aqueça o caldo e o molho de tomate em fogo alto. Tempere com sal e, após ferver, adicione os frutos do mar na ordem de tempo de cozimento (primeiro os que demoram mais para cozinhar) e deixe levantar fervura novamente entre uma adição e outra. Comece pelos tentáculos de polvo ou lula, depois os moluscos navalha com suas conchas, os anéis de lula, os camarões, as patas de caranguejo e, ao final, os filés de peixe, deixando o lado da pele para baixo. Tampe a panela e termine de cozinhar por mais 6-8 minutos. Sirva com salsinha picada por cima, acompanhado pelo pão com tomate.

Pão com tomate: Esfregue o dente de alho sobre as fatias de pão. Por cima, esfregue o tomate cortado ao meio e regue com um pouquinho de azeite.

Sushi como lá em casa

RENDE PARA 8-10 PESSOAS

· 1 kg de arroz preparado para sushi (*ver receita na p. 153*)

· 30 g de cogumelos shitake secos (ou 100 g / 6 unidades frescas)

· 1 colher de sopa de açúcar

· 2 colheres de sopa de shoyu

· 2 ovos

· 2 colheres de chá de óleo de girassol

· 50 g de renkon (raiz de lótus)

· 50 ml de sopa de sushi-su*

· 100 g de vagem fresca

· 18 camarões sem casca

· 200 g de filé de linguado limpo sem pele

* Vinagre preparado com sal e açúcar para temperar o arroz (*ver receita na p. 153*).

Prepare o arroz para sushi como explicado na p. 153, na hora ou com 6 horas de antecedência, no máximo. Prepare o restante dos ingredientes separadamente, para depois arrumar a travessa de sushi caseiro.

Coloque os cogumelos shitake em uma panela com 2 xícaras de água quente, o açúcar e o shoyu e leve ao fogo alto. Quando ferver, retire do fogo e deixe em infusão até esfriar. Escorra e corte os cogumelos à juliana. Reserve.

Enquanto isso, bata os ovos ligeiramente. Aqueça uma frigideira pequena (o ideal é uma frigideira para crepes) untada com o óleo. Coloque ½ concha de ovos batidos na frigideira e movimente-a suavemente para que a omelete se espalhe bem na superfície. Deixe até começar a firmar e vire com uma espátula. Frite por mais um momento do outro lado (não deve ficar dourada, apenas "seca") e retire da frigideira. Repita até obter 3 omeletes no total. Quando estiverem frias, empilhe as omeletes, enrole e corte em rodelas bem finas para obter os "fios dourados". Reserve.

Descasque o renkon com um descascador de legumes e fatie em lâminas finas (com uma boa faca ou mandolina), descartando as extremidades. Branqueie as fatias por 1 minuto em água fervente, escorra e coloque em um recipiente, cobertas com o sushi-su. Reserve.

Na mesma água fervente, branqueie por 1 minuto as vagens inteiras, escorra em uma peneira grande e fatie, na diagonal, para obter um corte à juliana fino. Reserve. Por último, ainda na mesma água, branqueie os camarões por 2 minutos, retire e coloque em um recipiente com água fria para interromper o cozimento. Escorra e termine de limpar, retirando as cabeças e as cascas. Reserve.

Aqueça uma frigideira e grelhe os filés de linguado inteiros, por 2 minutos de cada lado. Retire, deixe esfriar e desfie com os dedos.

Montagem do sushi: Coloque na base da travessa (ou de uma caixa laqueada, como na foto) o arroz preparado. Nivele a superfície, mas sem alisar demais. Sobre o arroz, distribua de forma decorativa os ingredientes na seguinte ordem: shitake, peixe, camarões, vagens, fios dourados e raiz de lótus (*ver fotos*). Se desejar, decore com flores comestíveis, transmitindo, assim, uma mensagem de união com a natureza.

A caixa é levada tampada à mesa e, depois de colocada no centro, é aberta para que todos se sirvam. Acompanhe com um pouco de shoyu.

O sushi nasceu no Japão como uma maneira de conservar o peixe e o arroz, temperando-os com vinagre e sal. Lá é preparado com peixe cru à beira-mar e, dessa forma, espalhou-se pela Califórnia e depois para o resto do mundo. Entretanto, nas casas japonesas, é costume prepará-lo com todos os ingredientes cozidos, servidos em uma única travessa onde o arroz é colocado como base e, por cima dele, são dispostos o peixe e outros ingredientes. Apresentado em uma caixa laqueada, como nas fotos a seguir, é ideal para ser servido em um almoço ao ar livre.

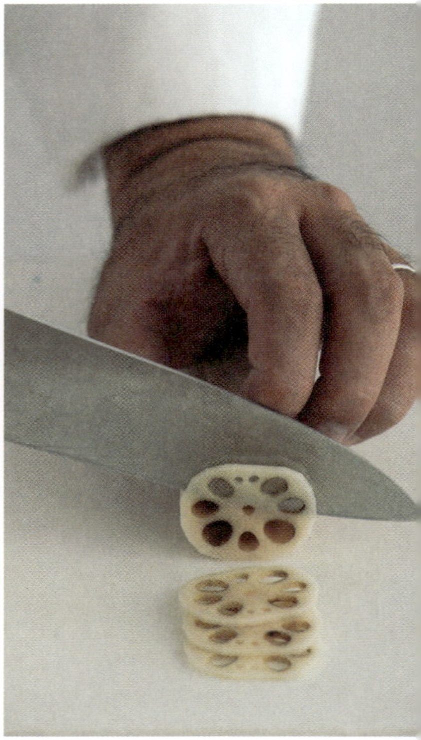

Na mesma frigideira em que preparamos uma boa *paella* ou um *fideuá*, refogamos um peixe inteiro, rodeado com ingredientes deliciosos, de cores e sabores variados. É uma delícia e uma festa quando o apresentamos à mesa: um sucesso garantido.

Sudado
de peixe e frutos do mar

RENDE PARA 4-6 PESSOAS

- 1 xícara de azeite
- 1 corvina inteira de 2 kg limpa, sem escamas nem vísceras
- 4 dentes de alho picados
- 3 cebolas picadas
- 500 g de batatas-bolinha cozidas com casca cortadas ao meio
- 500 g de tomates-cereja
- 16 vôngoles grandes e frescos
- 50 g de anchovas (15 filés)
- 150 g de tomates secos hidratados em água quente por 30 minutos
- 220 ml de vinho branco seco
- 100 g de azeitonas pretas
- 4 ramos de tomilho fresco
- sal
- 2 colheres de sopa de salsinha picada

Escolha uma *paellera* grande, em que caiba a corvina inteira (se o rabo sair um pouco, não tem problema). Aqueça o azeite e coloque o peixe inteiro para dourar em fogo alto por 2 minutos (se necessário, trabalhe sobre duas bocas do fogão, girando a *paellera* de vez em quando para uniformizar o cozimento). Vire o peixe com a ajuda de 2 espátulas largas e doure do outro lado. Reduza o fogo e espalhe os dentes de alho e as cebolas ao redor do peixe. Doure ligeiramente e adicione as batatinhas, os tomates-cereja, os vôngoles, as anchovas amassadas, os tomates hidratados, o vinho branco e as azeitonas, dispondo os ingredientes em volta do peixe, mexendo delicadamente para distribuir tudo de forma homogênea. Espalhe o tomilho por cima, mas antes esfregue os ramos entre as mãos para liberar seu aroma. Tempere com sal e cubra a *paellera* completamente com papel-alumínio (se necessário, use 2 folhas sobrepostas), fechando bem as bordas para produzir o vapor necessário. Cozinhe o *sudado* tampado dessa forma por mais uns 15-20 minutos, girando suavemente a *paellera* para assegurar um cozimento homogêneo. Retire o papel-alumínio, espalhe a salsinha picada por cima e sirva.

Esta receita é muito fácil de preparar e não tem erro: o importante é usar peixes e frutos do mar bem frescos e sugiro que seja acompanhada de um vinho branco gelado.

Sopa de peixe mediterrânea

RENDE PARA 6 PESSOAS

- 1 batata média (aproximadamente 200 g)
- 2 fatias de pão de fôrma
- 1 ½ xícara de fumê ou caldo de peixe (*ver receita na p. 150*)
- 6 colheres de sopa de molho de tomate processado (*ver na p. 151*)
- 12 vôngoles grandes, limpos (*ver técnica na p. 103*)
- 1 pitada de fios de açafrão
- 600 g de pargo limpo, em pedaços irregulares
- 24 camarões crus sem casca, com o rabo (*ver pp. 20-21*)
- sal
- 2 colheres de sopa de salsinha picada

Descasque a batata, corte em pedaços e cozinhe em uma panela com água fervente até que esteja macia. Escorra e amasse até obter 150 g de um purê simples, que será a quantidade utilizada. Reserve. Retire a casca e corte as fatias de pão em cubinhos de 1 cm x 1 cm; leve ao forno e torre rapidamente para fazer os *croûtons* que serão servidos com a sopa.

Coloque o caldo frio em uma panela grande, adicione o molho de tomate e os vôngoles. Leve ao fogo. Quando os vôngoles se abrirem, adicione o açafrão. Em seguida, junte os pedaços de peixe e os camarões. Finalmente, acrescente o purê de batata, dissolvendo bem para que a sopa fique lisa e um pouco espessa. Tempere com sal. Ferva por 5 minutos e sirva em pratos fundos, espalhando por cima os *croûtons* e a salsinha picada.

TSUBAYA

Sashimi estilo Tokara

RENDE PARA 4 PESSOAS

- 80 g de pargo limpo sem pele ou outro peixe branco firme
- 80 g de salmão limpo sem pele (um pedaço de 6 cm x 12 cm)
- 80 g de lula
- 8 camarões grandes
- 90 g de nabo (um pedaço de aproximadamente 6 cm) descascado
- ½ cenoura descascada
- ¼ talo de aipo descascado
- ½ pepino descascado

Para o molho de azeite:

- 1 colher de sopa de azeite
- 1 colher de sopa de óleo de gergelim
- 3 colheres de chá de cebolinha picada
- 1 colher de chá de gengibre picado
- 1 colher de chá de alho picado

Para o molho de shoyu:

- 1 colher de sopa de shoyu
- 1 colher de sopa de açúcar
- ½ colher de sopa de suco de limão

Para servir:

- 2 colheres de sopa de folhas de coentro fresco
- ⅓ xícara de flocos de milho não adoçados
- 2 colheres de sopa de amendoim torrado sem casca

Prepare todos os ingredientes antes de começar a cortá-los. Branqueie a lula por 30 segundos em água fervente, escorra e mergulhe imediatamente em água fria. Branqueie os camarões por 1 minuto e depois enxágue em água fria. Depois retire as cascas, descarte a cabeça, o rabo e remova as vísceras com uma faca pequena afiada (*ver p. 21*).

Corte os vegetais à juliana, bem fino e deixe-os na água gelada até o momento de servir. A técnica para cortar o nabo em tirinhas é fazer como se estivesse descascando, girando-o para obter uma fita contínua, bem fino, que depois será cortada à juliana bem fina. Repita com todos os vegetais, que também podem ser fatiados finamente com a mandolina e, depois, cortados à juliana, bem fino.

Passe agora para o pargo. Corte as fatias com um único movimento da faca: apoie a base mais larga da lâmina e deslize-a de maneira oblíqua, obtendo fatias de 2-3 mm de largura, bem finas. Corte o salmão em ângulo reto, em fatias de 3-4 mm de largura. Fatie a lula em anéis bem finos. Corte os camarões em rodelas de 1 cm. Prepare os molhos separadamente, misturando os ingredientes de cada um em vasilhas pequenas.

Em uma travessa grande, arrume os pedaços de peixe e os frutos do mar e regue cuidadosamente com o molho de azeite, certificando-se de que cada pedaço receba um pouco do molho. Em outra travessa, monte o prato, colocando na base os vegetais cortados previamente escorridos, cobertos pelos pedaços de peixe e frutos do mar e regue com o molho de shoyu. Finalize espalhando por cima as folhas de coentro, os flocos de milho e o amendoim. Sirva imediatamente.

Uma combinação perfeita entre Itália e Japão,
na qual ingredientes da terra e do mar se
unem num enconto de sabores especial.

Espaguete à pescadora

RENDE PARA 4 PESSOAS

- 300 g de filés de peixe branco
- 250 g de camarões frescos
- 400 g de lulas pequenas
- 12 vôngoles grandes (*ver técnica para limpeza na p. 103*)
- 400 g de espaguete
- 6 colheres de sopa de azeite
- 2 pimentas-piripiri ou malagueta secas cortadas ao meio sem sementes
- 2 colheres de sopa de vinho branco
- 300 g de molho de tomate (*ver receita na p. 151*)
- 100 ml de fumê ou caldo de peixe (*ver receita na p. 150*)
- sal
- ½ xícara de folhas de manjericão fresco picado em tirinhas (*chiffonade*)

Leve ao fogo uma panela grande com água e sal até ferver e separe uma frigideira bem grande para preparar o molho à pescadora.

Prepare o peixe e os frutos do mar: corte o filé em cubos de 2 cm x 2 cm; limpe os camarões, retirando a cabeça, o rabo e as vísceras, abra em borboleta (*ver técnica nas pp. 20-21*) e depois corte ao meio. Limpe as lulas, descarte as cabeças, separe os tentáculos e corte somente o corpo em 2-3 partes. Lave os vôngoles e deixe-os em água fria até o momento de usar.

Adicione o espaguete à água assim que começar a ferver e mexa um pouco: deixe cozinhar por 6 minutos na água e os últimos 2-4 minutos no molho. Aqueça a frigideira em fogo médio com o azeite e as pimentas. Acrescente aos poucos os cubos de peixe, os camarões, as lulas e os vôngoles. Despeje o vinho branco, deixar cozinhar por 1 minuto para que o álcool evapore e, a seguir, adicione o molho de tomate, o caldo e o sal. Cozinhe por alguns minutos. Passados os 6 minutos de cozimento na água, retire o espaguete e transfira para o molho. Mexa suavemente enquanto o cozimento é finalizado. Sirva com o manjericão picado.

Mais do que uma receita, o *nabe* é um costume japonês que reúne a família e os amigos ao redor de uma panela com um caldo de algas fumegante, no qual são cozidos os diversos ingredientes escolhidos de uma forma delicada e rápida. O nabe *shogun* é a pessoa responsável pelo cozimento, que controla o tempo de cada ingrediente e os distribui, à medida que ficam prontos.

Nabe ou cozido japonês

RENDE PARA 6 PESSOAS

- 5 xícaras de caldo japonês (*ver receita na p. 150*)
- ½ xícara de saquê
- 2 colheres de sopa de shoyu
- ½ pé de acelga
- 4 talos de cebolinha
- 550 g de filés de mero limpos sem pele
- 220 g de tofu semifirme
- 250 g de cogumelos shitake frescos
- 300 g de macarrão de arroz

Prepare o caldo japonês de algas. Adicione o saquê e o shoyu e despeje em uma panela grande que possa ir à mesa, apoiada sobre um *réchaud* aceso para manter o caldo quente, como no preparo de uma fondue. Se formar espuma, retire com uma escumadeira antes de levar o caldo à mesa.

Fatie a acelga em pedaços de uns 5 cm. Corte os talos de cebolinha em diagonal, em tiras de uns 6 cm de comprimento. Corte os filés em pedaços irregulares de uns 5 cm x 5 cm. Corte o tofu em cubos de 3 cm x 3 cm. Por último, apare o caule dos cogumelos shitake e corte-os ao meio.

Cada ingrediente será levado à mesa em bandejas, para serem cozidos no caldo. Dependendo do costume, o cozimento será coordenado pelo *shogun*, uma pessoa escolhida para esta função. O último ingrediente adicionado será a massa que, desse modo, absorverá o sabor de um caldo já enriquecido pelos demais ingredientes.

Nota: É possível adicionar outros vegetais, se forem de cozimento rápido, como abobrinha, couve-flor, brócolis, folhas de espinafre e outros (não use tubérculos, como batatas, cenouras ou nabos). Também é possível adicionar pedaços de frango ou frutos do mar crus, como camarões sem casca, para preparar um *nabe* especial.

Uma das maiores criações valencianas (depois da *paella*) é o *fideuá*, preparado de maneira muito parecida, mas, no lugar do arroz, adiciona-se o espaguete quebrado em pedaços. Minha versão propõe uma variação na qual uma parte do cozimento é feita no forno, o que facilita e dá um resultado muito bom.

Fideuá

RENDE PARA 4 PESSOAS

- 1 colher de chá de fios de açafrão
- 2 ½ de fumê ou caldo de peixe (*ver receita na p. 150*)
- ½ xícara de azeite
- 2 dentes de alho picado
- 200 g de camarões frescos sem casca mas com cabeça e rabo
- 200 g de anéis de lula
- 400 g de filé cortados de mero com pele cortado em cubos de 3 cm x 3 cm
- 1 cebola média bem picada
- ½ pimentão verde picado
- ½ pimentão vermelho picado
- ¼ xícara de vinho branco
- 400 g / 3 xícaras de espaguete quebrado em pedaços de uns 3 cm
- ½ xícara de extrato de tomate
- sal
- ½ colher de sopa de páprica

Comece tostando levemente o açafrão em uma frigideira pequena e, depois, dissolva em 1 xícara de caldo de peixe quente. Reserve.

Aqueça o forno em temperatura médio-forte (220°C).

Em uma frigideira funda de uns 35 cm de diâmetro, aqueça a metade do azeite com a metade do alho picado e refogue levemente os camarões. Retire os camarões e adicione à frigideira os anéis de lula, salteando por alguns minutos. Retire e coloque os pedaços de peixe. Assim que estiverem refogados, retire da frigideira. Despeje o restante do azeite, refogue o restante do alho e, em seguida, cozinhe a cebola até ficar transparente (uns 3 minutos). Adicione os pimentões picados e cozinhe por mais 3-4 minutos. Coloque os frutos do mar e o peixe de volta na frigideira, mexa suavemente até aquecer bem e despeje o vinho branco. Por último, espalhe o espaguete quebrado pela frigideira, tomando cuidado para que fiquem bem distribuídos. Despeje o caldo com açafrão reservado, o extrato de tomate e o restante do caldo de peixe. Tempere com sal e a páprica. Mexa suavemente, cuidando para que todo o espaguete fique submerso no caldo. Cubra a frigideira com papel-alumínio e leve ao forno por 12 minutos. Retire, descarte o papel-alumínio e retorne, completando o cozimento com mais 3 minutos, destampada (no total, o prato ficará no forno por 15 minutos). Deixar descansar por 5 minutos antes de servir.

Capítulo 5
Receitas básicas

Caldo fumê ou caldo de peixe

RENDE 1,25 LITRO

- 2 colheres de sopa de azeite
- ½ cebola média descascada e cortada em pedaços
- ½ cenoura média descascada e cortada em rodelas grossas
- 1 alho-poró, somente o talo, cortado em pedaços
- 2 dentes de alho
- 1 talo de aipo descascado e cortado em pedaços
- 750 g de cabeças e espinhas de peixe
- 60 ml de vinho branco
- 1 maço de salsinha (da espessura de um alho-poró)
- 1 folha de louro
- 1,5 litro de água

Em uma panela grande, aqueça o azeite e refogue a cebola até ficar transparente. Adicione a cenoura, o alho-poró, o alho e o aipo e continue refogando até dourar um pouco, por uns 10 minutos, em fogo alto. Adicione as cabeças e as espinhas de peixe e deixar cozinhar por mais alguns minutos. Adicione o vinho branco para deglaçar e, depois, a salsinha e o louro. Finalmente, coloque a água na panela para ferver. Após levantar fervura, reduza para fogo baixo e deixe cozinhar por mais 30 minutos, retirando a espuma da superfície com uma escumadeira.

Passe por uma peneira de malha fina ou coador e, se não for usar imediatamente, deixe esfriar em temperatura ambiente antes de levar à geladeira (por 2-3 dias) ou ao congelador (conserva-se por 2-3 meses).

Caldo japonês de algas

RENDE 1 LITRO

- 1 litro de água
- 10 g (1 pedaço de aproximadamente 7 cm x 4 cm) de alga kombu seca
- 20 g de katsuobushi ou lascas de bonito seco e defumado

Em um recipiente grande, coloque água fria e hidrate a alga kombu por 3 horas. Depois desse tempo, retire a alga, despeje a água do molho em uma panela e leve ao fogo alto. Surgirá uma espuma à medida que a água for esquentando, que deve ser retirada com uma escumadeira, como se faz em todos os caldos. Quando levantar fervura, adicione as lascas de bonito de uma só vez, sem mexer. Desligue o fogo e reserve a infusão. Quando o bonito tiver decantado completamente ao fundo, o caldo estará pronto. Passe por uma peneira bem fina ou, melhor ainda, por um pano fino.

Caldo de camarão

RENDE 2 LITROS

- 1 colher de sopa de azeite
- 1 cebola cortada em quartos
- 3 dentes de alho
- cabeças e rabos de 20 camarões
- 120 ml de vinho branco
- ½ cenoura
- 1 talo de alho-poró
- 2 ramos de salsinha
- 2 folhas de louro
- 2 ramos de tomilho fresco
- 2 litros + 1 copo de água

Em uma panela grande, aqueça o azeite e refogue a cebola e o alho por 1-2 minutos. Adicione as cabeças e os rabos de camarão e refogue tudo, mexendo durante 3-4 minutos. Despeje o vinho branco para deglaçar e adicione o restante dos ingredientes. Deixe ferver, retirando a espuma que se formar na superfície, e deixe cozinhar por 10-15 minutos.

Reserve para esfriar até atingir a temperatura ambiente e passe por uma peneira de malha fina. Este caldo é ideal para dar sabor a pratos feitos à base de arroz e massas com frutos do mar e pode substituir o caldo de peixe.

Meu molho de tomate

RENDE 3 XÍCARAS

- 1,5 kg de tomates
- 3 dentes de alho
- 3 cebolas pequenas
- 3 colheres de sopa de azeite

Para retirar a pele dos tomates, faça um corte em cruz em cada base. Escalde-os por 2 minutos em água fervente e, em seguida, enxágue-os em água fria. Corte em quatro partes, retire as sementes e pique a polpa em cubos pequenos: isso renderá cerca de 800 g de tomates *concassé*.

Pique as cebolas e o alho em pedaços bem pequenos.

Aqueça o azeite em uma frigideira funda e adicione o alho picado. Assim que vier à superfície, adicione a cebola e deixe cozinhar por 10 minutos, até ficar transparente. Junte os tomates e reduza para fogo baixo. Cozinhe por 45 minutos, sem nenhum tempero. O molho ficará como um purê e pode ser utilizado em qualquer receita na qual o tempero seja acrescentado posteriormente.

Arroz branco

RENDE 5 XÍCARAS (1 KG) DE ARROZ COZIDO

- 500 g de arroz para sushi (arroz Momiji)
- 3 xícaras de água

Lave e hidrate o arroz: Coloque o arroz em uma vasilha funda. Cubra totalmente com água e mexa com os dedos para umedecer bem os grãos. Em seguida, adicione mais água, dobrando o volume, e mexa novamente com os dedos para liberar o amido. Descarte a água esbranquiçada (não precisa usar peneira, basta inclinar a vasilha sobre a pia) e encha a vasilha novamente com um pouco de água, mexa com os dedos, adicione mais água e mexa novamente o arroz. Descarte a água novamente, que já estará menos esbranquiçada. Repita o procedimento por mais 2 vezes. Na quarta vez, escorra em uma peneira e deixe descansar por 20 minutos. O arroz lavado e hidratado dessa forma terá seu volume aumentado.

Cozinhe o arroz: Verifique a quantidade dos grãos hidratados, que devem render cerca de 3 xícaras, e coloque-os em uma panela grande. Adicione a mesma quantidade de água ao arroz. Leve ao fogo alto com a panela tampada até ferver (o sinal de que está fervendo é o vapor que sai pelas beiradas). Reduza para fogo baixo e cozinhe, sempre com a panela tampada, por 12 minutos. Retire do fogo e deixar descansar por mais 15 minutos.

Arroz para sushi

RENDE 5 XÍCARAS (1 KG) DE ARROZ PREPARADO

- 500 g de arroz para sushi (arroz Momiji)
- 2 ½ xícaras de água
- 180 ml de sushi-su*

*Pode ser encontrado pronto, em lojas de produtos alimentícios asiáticos, ou preparado em casa, como indicado na receita abaixo.

Lave e cozinhe o arroz como explicado na receita de Arroz Branco (mas hidrate antes do cozimento). Depois de cozido, transfira para uma travessa bem grande (pode ser "desenformado" e sair inteiro da panela, se soltar as bordas com uma espátula). Remova e descarte as casquinhas douradas que podem ter se formado na base da panela.

Regue a superfície com o sushi-su, adicionando o líquido aos poucos com a ajuda de uma colher ou espátula de madeira, sempre com movimentos "cortantes" que desloquem filas paralelas de arroz. Depois, gire a travessa para trabalhar no sentido contrário, soltando os grãos enquanto eles absorvem o líquido. Eles ficarão com um aspecto "perolado" e prontos para serem usados no sushi. Conserve em temperatura ambiente, cobrindo a travessa com um pano de prato. Pode ser preparado com até 6 horas de antecedência.

Sushi-su

RENDE ¾ XÍCARA

- 180 ml de vinagre de arroz ou de maçã
- 6 colheres de sopa de açúcar
- 1 ½ colher de chá de sal

Coloque o vinagre, o açúcar e o sal em uma panela pequena e aqueça até dissolver completamente, mexendo sempre, sem deixar ferver. Retire do fogo e deixe esfriar até atingir a temperatura ambiente antes de usar.

Estância Santa Isabel, Mar del Plata

Agradecimentos

Agradecemos a Jorge e Nancy Estrada Mora pela hospedagem de toda a equipe na Estância Santa Isabel, colocando à nossa disposição suas excelentes instalações durante a produção culinária realizada em Mar del Plata. Agradecemos especialmente a Dolores Abud e Sara Velázquez, por sua colaboração inestimável.

Ao Sr. Miguel Angel Lastorta, da Gerência de Segurança do Consórcio Portuário Regional de Mar del Plata, e ao Sr. Fernando, da Prefeitura Naval, por facilitarem nosso trabalho no porto de Mar del Plata.

Agradecemos também ao Sr. Mateo, dono do barco Nueva Isla de Capri e ao Sr. Raúl, pescador dessa embarcação.

À Cooperativa Marplatense da Indústria de Pesca, por permitir nossa entrada no local de arremate para fotografarmos durante a madrugada, quando os barcos chegam com a pesca recém-saída do mar.

A Jorge Nabel, Lejano Oriente, Ángeles Castro Corbat e Ramos, pelos utensílios e acessórios utilizados na produção fotográfica.

Sobre o autor

Takehiro Ohno nasceu em 1967, em Tomakomai, Hokkaido, uma ilha ao norte do Japão.

Depois de se formar na universidade em Nutrição, estudou na escola culinária TEC Nichou Osaka e se especializou em gastronomia espanhola com Akihiko Manada. Essa experiência o levou a trabalhar dois anos no restaurante Vascu, com Koji Fukaya, em Hakodate, no Japão, e durante quatro anos no restaurante Zuberoa, com Hilario Arbelaitz, no País Basco.

Em 1997, chegou à Argentina e trabalhou em vários restaurantes antes de voltar ao Japão, em 2000, para se capacitar em gestão gastronômica e administrar seu próprio restaurante, Fusión, por quatro anos.

Regressou à Argentina em 2004 e trabalhou como chef executivo no doDo club. Em 2010, inaugurou seu restaurante OHNO Obsoleto Bistrô, que administrou durante dois anos.

Desde 2008, participa do canal elgourmet.com, onde dirigiu os programas *Ohno*, *Ohno en Japón*, *O3* (*Oriente, Ocidente, Ohno*), *Desde el jardín Ohno* e *Okashi, dulce Ohno*.

Atualmente, viaja por toda a América Latina ministrando aulas magistrais e assessorando diversas empresas de gastronomia.

Sua opinião é muito importante!

Mande um e-mail para
opiniao@vreditoras.com.br
com o título deste livro no campo "Assunto".

Conheça-nos melhor em
vreditoras.com.br
facebook.com/vreditorasbr